弁護士業務に役立つ！

近年の
税制改正による
新制度と
その活用場面

安生　誠・堀田健治 [著]

第一法規

は　じ　め　に

　本書は、「弁護士業務に役立つ！」とあるように、主たる読者として弁護士に宛てて執筆しています。そして、その弁護士像については、税法についてあまり馴染みのない平均的な弁護士を想定し、そのような弁護士が、税制改正に係る情報を業務上又は生活上役立てることができるよう案内することを趣旨としています。そのため、具体的な利用場面を例示することを原則としています。

　執筆上の工夫としては、税法についてあまり馴染みのない人でも既存の知識を前提に、一読して、ある程度税制改正の趣旨を掴み、業務上又は生活上のツールとして利用できるようにするため、以下の観点に留意し展開しています。

　まず、使える場面を端的にわかりやすく提示しています。毎年、税制改正の内容が公表された後に決まった出版社から公刊される税制改正速報やダイジェストの類を手に取られたことのある弁護士も少なくないと思います。しかし、慣れていない難解な概念、複雑な仕組みや処理手順を、厳格なタームで、難しいまま、抽象的に表現しているケース、あるいは、簡潔かつ抽象的、インデックス的に表現しているケースがほとんどであり、一読後何が書いてあったか理解すること、ましてや、要約して他人に伝えることがいかに難しいかを痛感した読者がほとんどであると思います。

　そこで、まず、改正内容をザックリと掴むために、日常的で、卑近で、具体的な出来事に置き換え、感覚的・視覚的にわかるようにすることで、改正の核心部分を端的に整理しました。そのために、思い切って、些末な要素は切り取り、単純化しています。

　また、そもそも、改正前の制度、改正される制度の基底をなす（インフラ的・前提的）制度、計算方法などを知らないままに、税制改正の内容それ自体が説明されても、わかりにくいものです。そこで、少し読み進み改正内容をある程度掴んだ段階で、既存の制度のどこにどのように改正が据え付けられたのかを示すようにしました。具体的には、簡単に既存の制度あるいは制度上の原則の内容や建付を説明したうえで、改正個所を特定し、どこに改正された制度が据え付けられているか明らかにしています。

　さらに、記述するにあたり、以下の観点も考慮しました。

　できるだけ定量化しています。つまり、具体的な数値を伴うケースを例に、ア

テハメするよう努めています。

　時間の流れを意識した方がわかりやすい場合には、時間軸に沿って、動的な展開にすることで、業務又は生活のプロセス又はフローの中で用いられる時機を示すよう努めています。

　読者の負担と関心の度合いを考慮し、読み進むに従って、より細かな制度の説明を行うよう努めています。

　原則的な手順として、税法以外の実体法上の仕組みを確認し、その後に、既存の制度の内容、原則論や建付を平易に説明することで、改正個所の位置づけが理解できるよう努めています。

　そのうえで、具体的な数値を伴うケースを引用し、具体的な数値を出すように努めています。

　説明の最後には、「関連条文」として税制改正に係る参照条文を記載しています。その際、改正される制度が既存の制度の特例に位置づけられるような場合には、原則の規定をまず引用することにしています。

　なお、案内する税制改正の対象は、直近の税制改正の内容だけでなく、今日の弁護士の業務上及び生活上有用だと思われる2、3年ほど前の改正分も含めています。

　最後に、本企画については、令和元年秋に第一法規の川原﨑晶子編集第一部長より執筆のお話をいただいてから、試作とフィードバックを繰り返し、ようやく日の目を見ることができました。特に、担当の達川俊平氏と小林千紘氏から、形式面だけでなく、コンテンツにわたる示唆をいただき、根気強く、校正作業に尽力していただいたことに感謝の意を表します。

令和4年7月

安生　誠・堀田健治

凡　例

1　本書で取り上げる税制改正の内容及び活用できる場面に関して、以下のように整理・区分して表示している。

【内　容】

- (創　設)　実体法の改正に伴い課税要件を創設するもの
- (節　税)　原則的な課税要件手続の改正により減税、免税又は猶予をするもの
- (その他)　上記のいずれにも該当しないもの

【場　面】

- 事　件　主にクライアントの事件処理に際し留意すべきもの
- 経　営　主に弁護士の事務所の経営に際し参考にすべきもの
- 生　活　主に一個人としてのライフプランの中で節税等のための利用できるもの

2　本書においては、特に断りのない限り、以下のように呼ぶこととする。

所得税：所得税及び復興特別所得税
法人税等：法人税及び地方法人税（法人税額×10.3%）
消費税：消費税及び特別地方消費税
法人地方税：法人住民税並びに法人事業税及び特別法人事業税
個人地方税：個人住民税及び事業税

年金法：確定拠出年金法
産業法：産業競争力強化法
消法：消費税法
デジタル手続法：情報通信技術を活用した行政の推進等に関する法律
デジタル手続財務省令：国税関係法令に係る情報通信技術を活用した行政の推進等に関する省令

所法：所得税法

所令：所得税法施行令

相法：相続税法

措法：租税特別措置法

地法：地方税法

強化法：中小企業等経営強化法

承継法：中小企業における経営の承継の円滑化に関する法律

承規：中小企業における経営の承継の円滑化に関する法律施行規則

電子帳簿保存法：電子計算機を使用して作成する国税関係帳簿書類の保存方法等
　の特例に関する法律

法法：法人税法

法令：法人税法施行令

3　本書の内容は令和4年6月1日現在の法令に基づいて執筆している。

目　　次

装丁　ゲンタチエ デザイン株式会社

(1) 配偶者居住権の設定時の相続税の計算

> 父親の遺産相続に際し、配偶者居住権を設定すれば、親子が法定相続分で相続しても、母は預貯金を確保しながら引き続き自宅に住むことができ、節税にもつながる。

改正の内容

▶ 新設（令和元年度税制改正、令和 2 年 4 月 1 日以降開始相続から施行）

　配偶者が、相続開始時に被相続人所有の建物に居住していた場合に、遺産分割において配偶者居住権を取得することにより、終身又は一定期間、その建物に無償で居住することができるようになったことに伴い、配偶者居住権の相法上の評価方法を制定した。

適用場面

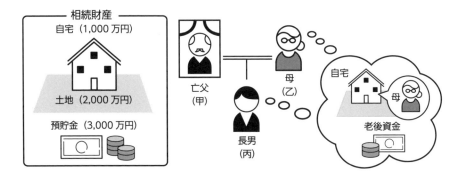

　父（甲）は、令和 2 年12月31日、亡くなった。相続人は、母（乙）（80歳）と長男（丙）（45歳）である。遺産は自宅（土地建物（木造））（建物1,000万円、土地2,000万円）と預貯金（3,000万円）である（以上、相続税評価額とする）。長男（丙）には、妻子があるが、父母から独立し、自宅を持っており、父（甲）の住んでいた自宅には当面住みたいとは思っていない。母（乙）と長男（丙）とも、母（乙）が自宅に住み続け、また、法定相続分に

　仮に、法定相続分による分割を前提に、母（乙）が自宅（3,000万円）を取得することになれば、残りの預貯金（3,000万円）は、長男（丙）が取得することになる。

　これでは、母（乙）に対して、老後の資金を分けることができない。

　そこで、母（乙）が自宅に住みつつも、預貯金を取得できるように、配偶者居住権を設定することが考えられる。すなわち、自宅（土地建物）を母（乙）が取得するというのではなく、終身（平均余命を前提にした期間）の居住権である配偶者居住権を母（乙）が取得する形とするのである。

　この際、配偶者居住権の価値は、将来、母（乙）が返還することにより、長男（丙）が自宅の完全な所有権を取得するという点に着目し、返還時の価値を、現在の価値に割り戻した金額とする。反対に、自宅の価値は、配偶者居住権という負担の付いていない現在の価値から、当該配偶者居住権の価値を引いた金額とする。

基本的考え方

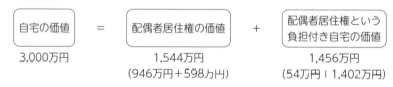

自宅の価値	=	配偶者居住権の価値	+	配偶者居住権という負担付き自宅の価値
3,000万円		1,544万円 （946万円＋598万円）		1,456万円 （54万円＋1,402万円）

　上記各数値は、下記＜計算例＞を前提に計算した結果である（以下、特段の断りがない限り、＜適用場面＞の引用数値について同様とする）。

　このように、長男（丙）が配偶者居住権という負担付きの自宅を取得するという形をとることにより、法定相続分で分割したとして、従来の制度では、母（乙）が相続する預貯金が0円だったものが、1,456万円になる。

　こうして、法定相続分による遺産分割を前提にしても、母（乙）の老後の生活資金について手当しつつ、遺産分割を行うことができる。

　また、配偶者居住権を設定することで、長男（丙）は負担付きの自宅を取得したものと評価されることにより、相続税負担が低くなるところ、配偶者居住権が母（乙）の死亡により消滅した場合、長男（丙）は完全な自宅の所有権を取得することになるが、現行法制上、これは譲渡所得や相続税の課税原因にならない

（「1（2）配偶者居住権消滅時の譲渡所得の計算」参照）ので、節税効果があるといわれている。この点は、遺産分割協議の際の妥協の誘因となる。

　なお、遺産分割における評価方法について、相法上の評価基準によるか、市場価格によるかは、第一次的には当事者の合意による。ところが配偶者居住権は性質上市場性を有しない。そこで、特殊価格によるものとして、不動産鑑定士に依頼することも考えられる。ところが、まだ評価基準が確立していないことから、公益財団法人日本不動産鑑定士協会連合会は、不動産鑑定士が原則準拠すべき「実務指針」を提示するには至らず、実務上参考にすべきとする「研究報告」を公表するにとどまっている。これに対し、法制審議会民法（相続関係）部会において、事務当局が示した考え方は、相法が規定する評価方法に引き継がれている。因みに、今回通達によらず法令の定めによった理由は、①配偶者居住権は譲渡できないので、不特定多数による自由な取引を前提とした相法22条の解釈にはなじまない、②配偶者居住権はまだ権利内容が確立されているとはいえないので、評価通達の解釈にゆだねると様々な評価方法が出てくる可能性があり、課税の公平性が保てなくなる恐れがある、③租税回避的な行為を防止する必要がある、といわれる。鑑定に要する費用、評価結果の安定性などの観点から、遺産分割の局面で相法上の評価方法の活用が期待される。

制度の内容

　自宅の所有者は、配偶者居住権存続期間終了時に自宅を自由に使用収益することができるようになるところ、この返還される部分の経済的価値の現在価値をもって配偶者居住権の評価額とした。

配偶者居住権のイメージ

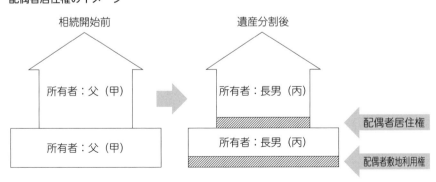

出典：国税庁ホームページ（https://www.nta.go.jp/taxes/shiraberu/taxanswer/hyoka/4666.htm）を加工して作成

我が国においては、土地と建物はそれぞれが独立して取引の客体となり、また、税法上、それぞれが利用状況の組合せを考慮して評価される。図の斜線部分については、配偶者居住権を取得した者から見れば、配偶者居住権という経済的価値であり、配偶者居住権の設定を受けた土地建物の所有者から見れば、配偶者居住権という負担となる。

1 配偶者居住権の価額

　建物取得者は、配偶者居住権存続期間終了時に建物を自由に使用収益することができる状態になる。そして、それだけの経済的価値を将来取得することは、現在価値に引き直せばいくらであるかという観点から、建物に関する配偶者居住権を評価することとした。すなわち、配偶者居住権の価額（図1④）＝相続開始時の建物の時価（配偶者居住権の設定がなかったものとして計算した建物の価額（以下、「相続時配偶者居住権設定前建物の価額」という））（図1①）－配偶者居住権存続期間終了時の建物の価値（将来価値）の現在価値（図1③）とする。

　配偶者居住権存続期間終了時の建物の価値（将来価値：図1②）の現在価値（図1③）は以下のパラメータから計算する。

① 減価償却的発想

　　割戻計算の前提として、事業用の建物の減価償却の考え方を参考にしつつ、耐用年数を1.5倍にして、毎年均等に減価償却するとして、配偶者居住権存続期間終了時の建物の価値（図1②）を算定。

② 複利現価率の採用

　　配偶者居住権存続期間終了時の建物の価値を法定利率による複利現価率を用いて現在価値に割り戻し（図1③）。

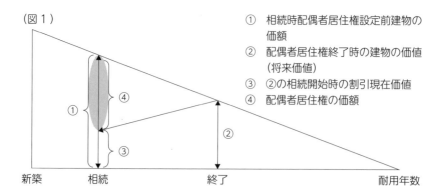

（図1）

① 相続時配偶者居住権設定前建物の価額
② 配偶者居住権終了時の建物の価値（将来価値）
③ ②の相続開始時の割引現在価値
④ 配偶者居住権の価額

新築　相続　終了　耐用年数

配偶者居住権の価額＝

$$\boxed{\substack{相続時配偶者居住権\\設定前建物の価額}} \times \left(1 - \frac{耐用年数-経過年数-存続年数}{耐用年数-経過年数} \times \boxed{複利現価率} \right)$$

（建物評価額）　　　　　　　　　（配偶者居住権割合）

　なお、相法上、財産の価額は、相続により取得した日の時価によるべきとし、また、民法上、遺産分割の効果は相続開始の日に遡って効力を生ずることからは、評価の基準時は、遺産分割時ではなく、相続開始時とすべきことになろうが、遺産分割時を基準に計算した配偶者居住権と建物所有権の価値配分割合を相続時のそれに付け替えており、多分に技巧的である。

配偶者居住権の価額の計算過程

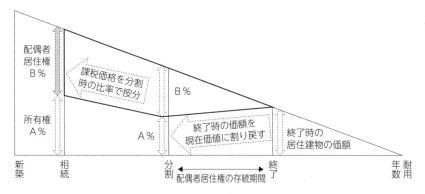

2　配偶者居住権に基づく敷地利用権の価額

　配偶者居住権が設定された建物の敷地の取得者は、配偶者居住権存続期間終了時に居住建物の敷地を自由に使用収益することができる状態になる。そこで、建物と同様、配偶者居住権存続期間終了時の経済的価値を現在価値に引き直すこととした。すなわち、配偶者居住権に基づく敷地利用権（以下、「配偶者敷地利用権」という）の価額（図2④）＝相続時の建物の敷地の価額（配偶者敷地利用権がなかったものとして計算した土地の価額（以下、「相続時配偶者敷地利用権設定前土地の価額」という））（図2①）－配偶者居住権存続期間終了時の時価（将来価値）の現在価値（図2③）とする。

なお、現行法制上、土地は減価償却しないものとされており、この観点から、時間の経過とともに土地の価額は減価しない。また、相続開始時において、配偶者居住権存続期間終了時点までの敷地の時価変動を考慮し、当該敷地の時価を算定することは、実務上、ほぼ不可能であるため、時価変動を考慮せず、相続開始時の価額をもって配偶者居住権存続期間終了時の価値（図2②）とする。

① 財産評価基本通達における土地利用権の評価方法に準拠

　毎年更新される財産評価基準に基づき、土地の現況から自用地の価値を算定し、これをもとに配偶者の敷地利用権の価額を算定。

② 複利現価率の採用

　配偶者敷地利用権存続期間終了時の土地の価値を法定利率による複利現価率を用いて現在価値に割り戻し（図2③）。

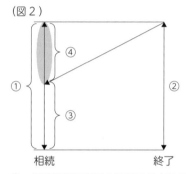

（図2）

① 相続時配偶者居住権設定前土地の価額
② 配偶者居住権終了時の敷地の価値（将来価値）
③ ②の相続開始時の割引現在価値
④ 配偶者敷地利用権の価額

配偶者敷地利用権の価額＝

　なお、配偶者居住権の評価の場合と同様、遺産分割時を基準に計算した配偶者敷地利用権と土地所有権の価値配分割合を相続時のそれに付け替えている。

計 算 例

設例について、以下のような前提又は事実関係とする。

相続税評価額	建物1,000万円、土地2,000万円
建物建築日	平成13年6月30日
建物構造	木造
相続開始年月日	令和2年12月31日
遺産分割日（＝配偶者居住権設定日）	令和3年9月30日
母（乙）の年齢（配偶者居住権設定時の年齢）	80歳
配偶者居住権設定期間	終身
相続開始時平均余命	11.71年
法定利率	3％

父（甲）が所有していた土地建物について、母（乙）に配偶者居住権を設定したうえで、長男（丙）が土地建物を取得する。

配偶者居住権のイメージ

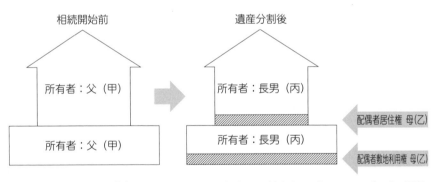

出典：国税庁ホームページ（https://www.nta.go.jp/taxes/shiraberu/taxanswer/hyoka/4666.htm）を加工して作成

1　配偶者居住権の価額

配偶者居住権
の価額 ＝相続時配偶者居住権設定前建物の価額

$$\times \left(1 - \frac{\text{耐用年数－経過年数－存続年数}}{\text{耐用年数－経過年数}} \times \text{複利現価率}\right)$$

$$=1,000万円 \times \left(1 - \frac{33年－20年－12年}{33年－20年} \times 0.701\right)$$

$$=9,460,769円$$

但し、

・耐用年数＝居住用建物のため耐用年数省令に定める建物の耐用年数を1.5倍
　　　　　したもの
　　　　　＝22年×1.5
　　　　　＝33年
・経過年数＝居住建物が建築された日（新築時）から配偶者居住権が設定され
　　　　　た時までの年数
　　　　　＝令和3年9月30日－平成13年6月30日
　　　　　＝20年3ヶ月
　　　　　⇒6ヶ月以上の端数切り上げ、他は切り捨てにより、20年
・存続年数＝配偶者居住権が存続する年数として政令で定める年数
　　　　　＝終身の場合、第22回生命表により平均余命11.71年
　　　　　⇒6ヶ月以上の端数切り上げ、他は切り捨てにより、12年
・複利現価率＝配偶者居住権が設定されたときにおける法定利率（民法404
　　　　　条）である3％による複利計算で、配偶者居住権の存続年数12
　　　　　年とした場合の複利現価率0.70137…
　　　　　⇒小数点以下3位未満四捨五入により、0.701

2　配偶者居住権目的建物の価額

相続時配偶者居住権設定前建物の価額－配偶者居住権の価額
＝1,000万円－9,460,769円
＝539,231円

なお、配偶者居住権目的建物とは、配偶者居住権の負担を負う建物（所有権）をさす（以下、同じ）。

3　配偶者敷地利用権の価額

　配偶者敷地利用権の価額
＝相続時配偶者敷地利用権設定前土地の価額×（1－複利現価率）
＝2,000万円×（1－0.701）
＝598万円

4　配偶者敷地利用権目的土地の価額

　配偶者敷地利用権目的土地の価額
＝相続時配偶者敷地利用権設定前土地の価額－配偶者敷地利用権の価額
＝2,000万円－598万円
＝1,402万円

　なお、配偶者敷地利用権目的土地とは、配偶者敷地利用権の負担を負う土地（所有権）をさす（以下、同じ）。
　本計算例は、相続開始時において、土地建物のいずれも被相続人の単独所有かつ全部居宅利用を前提にした最も単純なケースである。これに対し、相続開始時において、建物の一部が賃貸の用に供されている場合、居住建物又はその土地が共有である場合、敷地が借地権である場合などについては、関連する変数を別途考慮することになるが、基本的なアプローチは同じである。

関連条文

・配偶者居住権、存続期間
　民法1028条、1030条

・配偶者居住権等の評価
　相法23条の2

(2) 配偶者居住権消滅時の譲渡所得の計算

> 　遺産分割に当たり母親に配偶者居住権を設定後、施設に入所するなどの理由により、予定していた終期より早く配偶者居住権が終了する場合、相続建物の取得者である息子が適切な対価を支払わなければ、その息子に贈与税が課されることがある。

改正の内容

▶新設（令和元年度税制改正、令和２年４月１日以降開始相続から施行）

　配偶者が相続開始時に被相続人所有の建物に居住していた場合、配偶者は、遺産分割において配偶者居住権を取得することにより、終身又は一定期間、その建物に無償で居住することができる。

　他方、予定した利用期間より早く利用関係が解消され、配偶者居住権を消滅させることもある。

　そして、配偶者居住権の消滅は、これまであった建物と土地の負担の解消による使用収益をする権利の移転であるから、譲渡所得の発生原因となる。

　そこで、以下の通り計算方法を明確化した。

① 　配偶者居住権等が消滅したことによる所得は、総合課税の譲渡所得とする。

② 　相続等により取得した居住建物等を譲渡した場合の取得費は、配偶者居住権等が設定されていないことを前提とした取得費の額から、その時点で配偶者居住権等を返還し（消滅させ）たならば配偶者居住権等の取得費とされる金額を控除した金額とする。

③ 　配偶者居住権等が消滅した場合の配偶者居住権等の取得費は、相続等により配偶者居住権等を取得した時において、居住建物等を譲渡したと仮定して計算される居住建物等の取得費の額に配偶者居住権割合を乗じた金額から、その後の居住期間の経過に伴う利用権の消費に相当する金額を控除した金額とする。

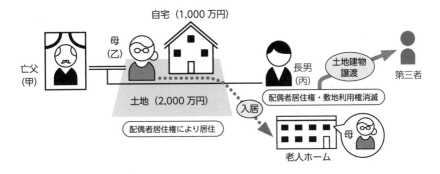

　父（甲）は、令和２年12月31日、亡くなった。相続人は、母（乙）（80歳、当時）と長男（丙）（45歳、当時）である。遺産は自宅（土地建物）（建物1,000万円、土地2,000万円）と預貯金（3,000万円）である（以上、相続税評価額とする）。その後、令和３年９月30日、母（乙）が自宅について配偶者居住権を取得することで、遺産分割協議が成立した。ところが遺産分割協議後、母（乙）は物忘れがひどくなり、母（乙）と別居している長男（丙）は、母（乙）が今後一人暮らしすることに不安があるので、令和５年９月30日をもって配偶者居住権について800万円、敷地利用権について500万円を解消の対価として支払い、母（乙）から建物と土地を返還してもらうこととした。母（乙）はその金銭をもって老人ホームの入居資金の一部に充て、入居した。その後、長男（丙）は、令和６年９月30日、空き家となったこれら不動産を3,000万円で譲渡した。

1　母（乙）について

　母（乙）は長男（丙）から対価を得て配偶者居住権及びこれに基づく敷地利用権（以下、併せて、「本件配偶者居住権等」という）を合意解除する。これにより、本件配偶者居住権等は消滅し、長男（丙）は土地建物を完全に使用収益することが可能となる。この場合、母（乙）に譲渡所得が発生すれば、所得税を納付する義務を負う。なお、本件配偶者居住権等の譲渡による所得は、総合課税の譲渡所得となる。

　仮に母（乙）が無償又は著しく低い価額の対価で本件配偶者居住権等を消滅さ

せた場合、その消滅した本件配偶者居住権等は、母（乙）から長男（丙）に対する贈与とみなされ、長男（丙）は贈与税を納付する義務を負うことになる。民法上の争点のみに気をとられ、後に、依頼者に対して、予想外の負担を負わせることがないよう税法にも気を配っておきたい局面である。

本件では、母（乙）の令和5年における本件配偶者居住権等の譲渡所得金額は、896,533円となる。

2　長男（丙）について

上記の通り、長男（丙）は対価を支払い、本件配偶者居住権等の負担のない土地建物を取得することになる。

将来、長男（丙）がこの土地建物を譲渡する場合の取得費の額は、本件配偶者居住権等が設定されていなかったものとした場合において計算される取得費の額から本件配偶者居住権等の消滅に係る取得費を控除し、消滅により支出する対価の額を加算した金額となる。

また、仮に母（乙）が無償で配偶者居住権等を消滅させ、その後長男（丙）がこの土地建物を譲渡する場合の取得費の額は、本件配偶者居住権等が設定されていなかったものとした場合において計算される取得費の額となる。

本件では、長男（丙）の令和6年における本件不動産の譲渡所得金額は、5,540,933円となる。

制度の内容

1　譲渡所得金額の計算方法

ア　改正前の制度

(ア)　対価を得て配偶者居住権及びこれに基づく敷地利用権を消滅させる場合

配偶者居住権は新設の制度であり、そもそも、配偶者居住権に関わる譲渡所得という観念はなかった。しかし、仮に、従前の所法の建付を前提に据え付ければ、以下のように解される。

配偶者居住権は譲渡することができない（民法1032条2項）ものの、合意解除により消滅させることはできる。対価を得て配偶者居住権等を消滅させる場合、譲渡所得の発生原因となり、総合課税の譲渡所得として課税が行われる。

$$\boxed{譲渡所得金額} \times \boxed{1(長期譲渡所得の場合2分の1)} = \boxed{総合課税対象金額}$$

$$\boxed{譲渡所得金額} = \boxed{収入金額} - \left\{ \boxed{取得費} + \boxed{譲渡費用} \right\} - \boxed{50万円}$$

但し、短期譲渡所得は所有期間が5年以内の場合をいい、これ以外は長期譲渡所得となる。

(イ) 土地建物の譲渡の場合

　土地や建物を譲渡した場合、所法では総合課税となるが、措法により分離課税化されており、譲渡所得の金額は、以下のような計算式になる。

$$\boxed{(長期又は短期)譲渡所得金額} \times \boxed{税率(短期又は長期)} = \boxed{税額}$$

$$\boxed{譲渡所得金額} = \boxed{収入金額} - \left\{ \boxed{取得費} + \boxed{譲渡費用} \right\} - \boxed{特別控除}$$

但し、短期譲渡所得は所有期間が5年以内の場合をいい、これ以外は長期譲渡所得となる。

　建物の譲渡の場合、取得費の計算は以下のような計算式になる。

$$\boxed{建物の取得費} = \boxed{建物の取得価額} - \boxed{減価償却費相当額}$$

　原則、取得費は、取得に要した金額とする。例えば、不動産の場合、資産の購入代金、仲介手数料、登記費用、設備費、改良費などの合計額である。

　例外として、贈与・相続・遺贈により取得した土地や建物を売却した場合、贈与者・被相続人・遺贈者の取得費と取得年月日を引き継ぐ。譲渡所得税が実現益に対するキャピタルゲイン課税であるためである。

イ　不都合

　このような建付の下、配偶者が、配偶者居住権を当初の期限より早く対価を得て消滅させた場合や、土地建物所有者が、配偶者居住権付きの建物や土地を譲渡した場合、取得費の計算方法が問題となる。

　前者においては、配偶者が、対価を得て配偶者居住権等を消滅させることにより収入を得ることになる。

後者においては、土地建物の所有者が、配偶者居住権等の負担付きで土地建物を譲渡することにより収入を得ることになる。

ところが、それぞれの場合、取得費をどのように計算すればよいか、その方法が一義的に明確でない。

ウ　改正後の制度

上記の取得費の計算の例外の例外を定めた。これは、配偶者居住権を当初の期限より早く対価を得て消滅させた場合及び配偶者居住権付きの建物や土地を譲渡した場合に関連する不動産の取得費の計算方法を明確化するものである。

具体的な内容は以下の通りである。

① 　相続・遺贈により取得した配偶者居住権の取得費と、この負担を負う建物の取得費の計算方法

② 　相続・遺贈により取得した配偶者居住権が設定された建物の敷地の利用権の取得費と、この負担を負う敷地の取得費の計算方法

(ア)　配偶者居住権の取得費

配偶者居住権とその負担を負う建物所有権は、ゼロサムであるという前提から、建物を譲渡した場合の取得費をそれぞれの価値の割合で按分し、さらに、配偶者居住権には存続期間があるので、使用期間に応じた償却（価値の消費）分を控除する考え方である。

配偶者居住権の取得費の額は、配偶者居住権設定時において、配偶者居住権の設定がなかったものとして計算した建物の取得費（以下、「配偶者居住権設定前建物の取得費」という）の額（図1②）に配偶者居住権割合を乗じた金額（図1③）から、配偶者居住権設定時から消滅時までの期間に応じた配偶者居住権の減価の額（減価償却費相当額）を控除した金額（図1⑤）とする。

なお、配偶者居住権設定前建物の取得費（図1②）は、建物の取得価額から、その建物の取得時から配偶者居住権設定時までの期間に応じた減価の額（減価償却費相当額）（図1①）を控除した金額とする。

（図１）

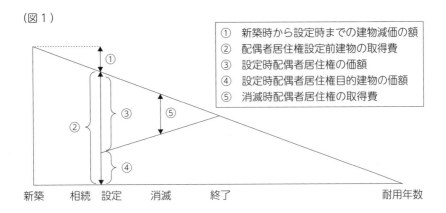

① 新築時から設定時までの建物減価の額
② 配偶者居住権設定前建物の取得費
③ 設定時配偶者居住権の価額
④ 設定時配偶者居住権目的建物の価額
⑤ 消滅時配偶者居住権の取得費

新築　相続　設定　　消滅　　　終了　　　　　　　　　耐用年数

配偶者居住権の取得費＝

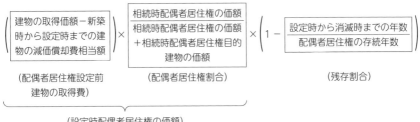

$$\left(\begin{array}{c}\text{建物の取得価額－新築}\\\text{時から設定時までの建}\\\text{物の減価償却費相当額}\end{array}\right) \times \left(\begin{array}{c}\text{相続時配偶者居住権の価額}\\\hline\text{相続時配偶者居住権の価額}\\\text{＋相続時配偶者居住権目的}\\\text{建物の価額}\end{array}\right) \times \left(1-\begin{array}{c}\text{設定時から消滅時までの年数}\\\hline\text{配偶者居住権の存続年数}\end{array}\right)$$

（配偶者居住権設定前　　　　　　（配偶者居住権割合）　　　　　　（残存割合）
　建物の取得費）

（設定時配偶者居住権の価額）

　なお、配偶者居住権割合を算出するに当たり、相法上の配偶者居住権の価額
及び配偶者居住権目的建物の価額を引用しており、配偶者居住権の価額の計算
式より一層技巧的になっている。

(イ)　**配偶者居住権に基づく敷地利用権の取得費**

　配偶者居住権に基づく敷地利用権（以下、「配偶者敷地利用権」という）と
その負担を負う土地は、ゼロサムであるという前提から、建物を譲渡した場合
の取得費をそれぞれの価値の割合で按分し、さらに、配偶者居住権には存続期
間があるので、使用期間に応じた償却（価値の消費）分を控除する考え方であ
る。

　配偶者敷地利用権の取得費の額は、配偶者敷地利用権の設定がなかったもの
として計算した土地の取得費（以下、「配偶者敷地利用権設定前土地の取得
費」という）の額（図2①）（土地は減価償却しないので、取得価額を引き継ぐ）
に配偶者敷地利用権割合を乗じた金額（図2③）から、配偶者敷地利用権設定時

から消滅時までの期間に応じた配偶者敷地利用権の減価の額（減価償却費相当
額）を控除した金額とする（図2④）。

（図2）

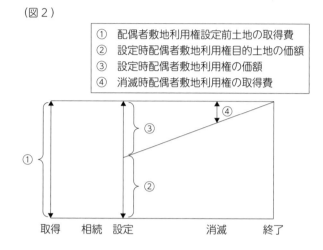

① 配偶者敷地利用権設定前土地の取得費
② 設定時配偶者敷地利用権目的土地の価額
③ 設定時配偶者敷地利用権の価額
④ 消滅時配偶者敷地利用権の取得費

取得　相続　設定　　　　消滅　　終了

配偶者敷地利用権の取得費＝

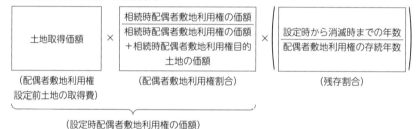

$$土地取得価額 \times \frac{相続時配偶者敷地利用権の価額}{相続時配偶者敷地利用権の価額＋相続時配偶者敷地利用権目的土地の価額} \times \frac{設定時から消滅時までの年数}{配偶者敷地利用権の存続年数}$$

（配偶者敷地利用権　　　　（配偶者敷地利用権割合）　　　　　（残存割合）
設定前土地の取得費）

（設定時配偶者敷地利用権の価額）

| 計　算　例 |

　設例について、以下のような前提又は事実関係とする。なお、「1 (1)配偶者居
住権の設定時の相続税の計算」の計算例を前提としている。

建物建築日	：平成13年6月30日
建物構造	：木造
相続開始年月日	：令和2年12月31日
配偶者居住権設定期間	：終身
相続開始時平均寿命（女）	：11.71年

法定利率	：3％
建物相続人	：長男（丙）
土地相続人	：長男（丙）
配偶者居住権設定日	：令和3年9月30日
配偶者居住権合意解除日	：令和5年9月30日
配偶者居住権等消滅時の母（乙）の年齢	：82歳
配偶者居住権等消滅時の平均余命	：10.28年
父（甲）取得価額	：建物2,000万円　土地1,500万円
相続開始時時価	：建物1,000万円　土地2,000万円
配偶者居住権等消滅対価	：配偶者居住権800万円
	配偶者敷地利用権500万円
長男（丙）の建物等譲渡年月日	：令和6年9月30日
長男（丙）の建物等譲渡対価	：建物1,000万円　土地2,000万円

1 母（乙）の譲渡所得の計算

ア 基本計算式

譲渡所得金額

＝（配偶者居住権に係る収入金額（A）＋配偶者敷地利用権に係る収入金額（B））－（配偶者居住権の取得費（C）＋配偶者敷地利用権の取得費（D））－50万円

イ 収入金額

配偶者居住権に係る収入金額（A）＋配偶者敷地利用権に係る収入金額（B）

＝800万円＋500万円

＝1,300万円

ウ 取得費

以下は、計算式の意味の理解を助けるため、所法の規定文言を計算式に置き換えたものである。

㋐ 配偶者居住権の取得費（C）

配偶者居住権の取得費

＝配偶者居住権の取得価額－配偶者居住権の減価償却費相当額

＝配偶者居住権の取得価額－（配偶者居住権の取得価額×設定時から消滅時までの年数／配偶者居住権の存続年数）

＝配偶者居住権の取得価額×（１－設定時から消滅時までの年数／配偶者居住権の存続年数）

配偶者居住権の取得価額

＝配偶者居住権設定前建物の取得費×相続時配偶者居住権の価額／（相続時配偶者居住権の価額＋相続時配偶者居住権目的建物の価額）

配偶者居住権設定前建物の取得費

＝建物の取得価額－新築時から設定時までの建物の減価償却費相当額

　相続時配偶者居住権の価額は、相続時の評価額（P 8 「1　配偶者居住権の価額」と同義であり、本件でも9,460,769円）

　よって、

　配偶者居住権の取得費

＝｛（建物の取得価額－新築時から設定時までの建物の減価償却費相当額）×相続時配偶者居住権の価額／（相続時配偶者居住権の価額＋相続時配偶者居住権目的建物の価額）｝×（１－設定時から消滅時までの年数／配偶者居住権の存続年数）

＝（2,000万円－1,116万円）×9,460,769円／（9,460,769円＋539,231円）×（１－2年／12年）

＝6,969,433円

　但し、

・新築時から設定時までの建物の減価償却費相当額（図1①）

＝建物取得価額×0.9×償却率×経過年数

＝2,000万円×0.9×0.031×20年

＝1,116万円

　なお、居住用建物の取得費の計算は、建物の耐用年数の1.5倍の年数（１年未満の端数は切り捨て）に対応する旧定額法の償却率（小数点３位未満の端数

は切り上げ）で求めた１年当たりの減価償却費相当額に、その建物を取得してから売却等するまでの経過年数（６ヶ月以上の端数は１年とし、６ヶ月未満の端数は切り捨て）を乗じて計算する。

償却率＝１÷（耐用年数省令に定める住宅用建物の耐用年数×1.5倍）
　　　＝１÷（22年×1.5）
　　　＝0.0303…
　　　⇒0.031

(イ)　配偶者敷地利用権の取得費（D）
　配偶者敷地利用権の取得費
＝配偶者敷地利用権の取得価額－配偶者敷地利用権の減価償却費相当額
＝配偶者敷地利用権の取得価額－（配偶者敷地利用権の取得価額×設定時から消滅時までの年数／配偶者敷地利用権の存続年数）
＝配偶者敷地利用権の取得価額×（１－設定時から消滅時までの年数／配偶者敷地利用権の存続年数）

　配偶者敷地利用権の取得価額
＝配偶者敷地利用権設定前土地の取得費×相続時配偶者敷地利用権の価額／（相続時配偶者敷地利用権の価額＋相続時配偶者敷地利用権目的土地の価額）

　配偶者敷地利用権設定前土地の取得費＝土地の取得価額

　相続時配偶者敷地利用権の価額は、相続時の評価額（Ｐ９「３　配偶者敷地利用権の価額」と同義であり、本件でも598万円）

　よって、

　配偶者敷地利用権の取得費
＝｛土地の取得価額×相続時配偶者敷地利用権の価額／（相続時配偶者敷地利用権の価額＋相続時配偶者敷地利用権目的土地の価額）｝×（１－設定時から消滅時までの年数／配偶者敷地利用権の存続年数）
＝｛1,500万円×598万円／（598万円＋1,402万円）｝×（１－２年／12年）
＝3,737,500円

エ　譲渡所得の計算

　　譲渡所得金額

　　＝A＋B－（C＋D）－50万円（特別控除）

　　＝1,300万円－（6,969,433円＋3,737,500円）－50万円

　　＝1,793,067円

　　1,793,067円×1/2＝896,533円（長期譲渡所得に当たるので、総所得金額を求めるときに合計する所得金額は、2分の1に相当する金額（総合課税））

　　なお、配偶者居住権等の取得年月日については、被相続人の取得年月日を承継するので、多くの場合は長期譲渡所得になろう。また、総合課税の譲渡所得のため、居住用財産を譲渡した場合の3,000万円の特別控除の特例適用はないことに留意する必要がある。さらに、配偶者居住権の消滅は、たとえ親子間における合意解除であったとしても、適正な対価の支払がない場合、建物等所有者が配偶者居住権等相当額を贈与により取得したとみなされる点は、特に注意が必要である。本件設例で消滅に伴う対価の支払が無い場合は、長男（丙）は、母（乙）から消滅時の配偶者居住権及び配偶者敷地利用権に相当する額を贈与により取得したものとみなされ、贈与税の負担が生じる。

　　㋐　贈与により取得したものとみなされる金額

　　　6,969,433円＋3,737,500円＝10,706,933円

　　㋑　贈与税の計算（相続時精算課税は適用しない）

　　　10,706,000円（千円未満切捨）×40％－190万円＝2,382,400円

2　長男（丙）の譲渡所得の計算

ア　基本計算式

　譲渡所得金額

　＝（建物の収入金額（A）＋土地の収入金額（B））－（建物の取得費（C）＋土地の取得費（D））

イ　収入金額

　建物の収入金額（A）＋土地の収入金額（B）＝1,000万円＋2,000万円

　　　　　　　　　　　　　　　　　　　　　　　＝3,000万円

ウ　取得費

　以下は、計算式の意味の理解を助けるため、所法の規定文言に従い、算定式に置き換えたものである。

㋐　配偶者居住権目的建物の取得費（C）

　配偶者居住権目的建物の取得費

＝建物の取得価額−建物の減価償却費相当額−消滅時配偶者居住権の価額＋消滅対価

＝建物の取得価額−（建物の取得価額×0.9×償却率×建築時から譲渡時までの経過年数）−消滅時配偶者居住権の価額＋消滅対価

＝建物の取得価額×（1−0.9×償却率×建築時から譲渡時までの経過年数）−消滅時配偶者居住権の価額＋消滅対価

＝2,000万円×（1−0.9×0.031×23年）−6,969,433円＋800万円

＝8,196,567円

　なお、消滅時配偶者居住権の価額は、消滅時の配偶者居住権の取得費の額に等しい。

㋑　配偶者敷地利用権目的土地の取得費（D）

　配偶者敷地利用権目的土地の取得費

＝土地の取得価額−消滅時配偶者敷地利用権の価額＋消滅対価

＝1,500万円−3,737,500円＋500万円

＝16,262,500円

　なお、消滅時配偶者敷地利用権の価額は、消滅時の配偶者敷地利用権の取得費の額に等しい。

エ　譲渡所得の計算

　譲渡所得金額＝A＋B−（C＋D）

　　　　　　　＝3,000万円−（8,196,567円＋16,262,500円）

　　　　　　　＝5,540,933円

　なお、土地建物の取得年月日については、被相続人の取得年月日を承継するので、多くの場合は長期譲渡所得になろう。そして、土地建物については分離課税

になるので、譲渡所得金額の20.315%（所得税15.315%、個人住民税5%）が税額となる。本件では、長男（丙）自身の居住した建物の譲渡ではないので、居住用財産を譲渡した場合の3,000万円の特別控除の特例が適用されず、1,125,400円が納税すべき額となる。

関連条文

・配偶者居住権、存続期間
　民法1028条、1030条

・譲渡所得に対する総合課税【原則】
　所法22条、89条
・土地建物の譲渡所得の分離課税【例外】
　措法31条、32条

・取得費の計算【原則】
　所法38条
・贈与・相続・遺贈の場合の取得費【例外】
　所法60条1項
・配偶者居住権の設定がある場合の取得費【例外の例外】
　所法60条2項以下、所令169条の2

2 特別寄与料

> 妻が義父を長い間介護したことで特別寄与料が認められた場合、妻に相続税が課税される。相続人の兄弟姉妹は、相続分が各々減少するに伴い、相続税額は小さくなる。

改正の内容

▶ 新設（令和元年度税制改正、令和元年7月1日以降開始相続から施行）

　相続人以外の者が、被相続人の事業に関する労務の提供や療養看護等に努めて、被相続人の財産の維持又は増加に貢献した場合に、寄与行為をした相続人以外の者に一定の財産を取得させる制度を設けたことに伴い、相続税の計算方法を制定した。

適用場面

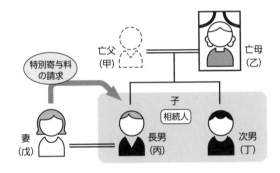

　父（甲）は、既に亡くなり、遺産分割は済んでいる。令和3年12月31日、母（乙）は遺言を残すことなく亡くなった。母（乙）の相続人は、長男（丙）（60歳）及び次男（丁）（58歳）のみであり、長男（丙）は、妻（戊）と共に父母と同居していた。なお、次男（丁）は、大学卒業後独立し、現在は公務員である。母（乙）の遺産は金融資産（8,000万円、相続税評価額とする）のみである。

　母（乙）は、平成12年から認知症を発症し、妻（戊）は母（乙）の療養看

護のため、当時勤めていた会社を辞めた。その後、母（乙）が亡くなる年まで、何らの対価を得ることなく、母（乙）の療養看護に努めた。長男（丙）は、妻（戊）に大変な苦労を掛けたことから、その労に報いるためには、遺産の一部を分けるのが筋だと思っている。

1　民法上の処理

　妻（戊）は、被相続人（乙）が認知症を発症したため、会社を辞め、その療養看護に専念し、被相続人（乙）が亡くなるまで約20年間にわたり、療養看護に勤めてきた。

　この場合、妻（戊）の貢献が報われるよう、妻（戊）は相続人（丙）、（丁）に対し、特別寄与料を請求することができる。

　この場合、民法上、概ね以下のような手順となる。被相続人に対して無償で療養看護その他の労務の提供をしたことにより、被相続人（乙）の財産の維持又は増加について特別の寄与をした被相続人の親族（以下、「特別寄与者」という）である妻（戊）は、相続の開始後、相続人（丙）、（丁）に対し、自身の寄与に応じた額の金銭（以下、「特別寄与料」という）の支払を請求することができる（民法1050条1項）。特別寄与料の支払について、実際には、次男（丁）との間で協議が調わないときは、妻（戊）は、家庭裁判所に対して協議に代わる処分を請求することになる（同条2項）。この場合、家庭裁判所では、寄与の時期、方法及び程度、相続財産の額その他一切の事情を考慮して特別寄与料の額が決められる（同条3項）。相続人は長男（丙）と次男（丁）の二人で、遺言はないから、各人は、特別寄与料の額に各人の法定相続分を乗じた額を負担することになる（同条5項）。

　仮に、三者の間で、介護保険の標準報酬額などを参酌し、妻（戊）の特別寄与料の額が1,000万円でまとまったとする。この場合の各相続人の負担額は以下のようになる。

　　長男（丙）と次男（丁）の各負担額＝特別寄与料×法定相続分
　　　　　　　　　　　　　　　　　　＝1,000万円×1/2
　　　　　　　　　　　　　　　　　　＝500万円

2 税務上の扱い

　長男（丙）、次男（丁）が妻（戊）の特別寄与料以外の相続財産を法定相続分に従い取得した場合、3名それぞれが相続税の申告を行う。それぞれの税額は以下の通りである。

長男（丙）　　　205万6,200円
次男（丁）　　　205万6,200円
妻　（戊）　　　 70万5,000円

　なお、相続税の申告は被相続人が死亡したことを知った日の翌日から10ヶ月以内に行うことになっているところ、期限までに特別寄与料の額が当事者間で合意に至らない場合も想定される。相続税の法定申告期限までに遺産の全部又は一部が分割されていない場合、その未分割の遺産については、民法の規定による相続分又は包括遺贈の割合に従い財産を取得したものと仮定して課税価格を計算し、申告納付を行う。この場合、未分割の遺産については、配偶者の税額軽減や小規模宅地の特例等は適用できない。これら優遇税制を適用するためには、相続税の申告書に「申告期限後3年以内の分割見込書」を添付する必要がある。そのうえで、実際に遺産分割が確定した際には、確定した日の翌日から4ヶ月以内に更正の請求を行うことになる。このように、当事者間で相続税の申告期限までに遺産分割の行為に至らない場合は、未分割の遺産については分割が確定するまで特例を使うことができない。早期に和解に至ることで税負担が軽くなることも、当事者間の説得材料になりうるであろう。

制度の内容

　特別寄与者は、相続の開始後、相続人に対し、特別寄与料の支払を請求することができるようになったところ、特別寄与料の額が確定した場合（例えば、当事者間で合意が成立した場合）、被相続人から当該特別寄与料を遺贈により取得したものとみなされる。また、各相続人の課税価格は、相続により取得した財産の価額から、その者の負担に対応する特別寄与料の金額を控除した金額により計算される。

　そのうえで、特別寄与者は、特別寄与料を遺贈により取得したものとみなされることから、この経済的利益の取得に対して、所得税は非課税となる一方で、相続税が課される。特別寄与者は、当然のことながら被相続人の配偶者、父母、子

供以外の者であるので、相続税額が20%加算される。

　以下では、上記の設例を元に、具体的な計算例を示す。以下の①から④は、巻末の資料1「相続税の計算方法の概要」に対応するので、必要に応じ参照されたい。

| 計 算 例

　設例について、以下のような前提又は事実関係とする。

　長男（丙）と次男（丁）は、丙の妻（戊）に取得させる特別寄与料の額を1,000万円とし、法定相続分で相続財産を取得することに合意した。

① 課税価格
　本来の相続財産－特別寄与料＋みなし相続財産（特別寄与料）
＝8,000万円－（500万円＋500万円）＋（500万円＋500万円）
＝8,000万円

② 課税遺産総額
　8,000万円－4,200万円（基礎控除額）＝3,800万円

③ 相続税の総額
　②の課税遺産総額の中から、長男（丙）と次男（丁）が3,800万円の1/2である1,900万円ずつ相続するとして、相続税率表に基づいて計算

　1,900万円×15％－50万円＝235万円

　よって、相続税の総額は、235万円× 2 ＝470万円となる。

④ 各相続人の相続税額の計算
　各相続人の相続税の額＝相続税の総額（③）×各相続人の取得に係る課税価格
　　　　　　　　　　　　　／課税遺産総額
　長男（丙）及び次男（丁）
　470万円×3,500万円／8,000万円＝205万6,200円
　丙の妻（戊）
　470万円×1,000万円／8,000万円＝58万7,500円
　58万7,500円×1.2＝70万5,000円

・特別寄与料
　民法1050条

・遺贈により取得したものとみなす場合
　相法4条2項
・債務控除
　相法13条4項

・各相続人等の相続税額【原則】
　相法17条
・相続税額の加算【例外】
　相法18条

節　税　事　件

> 中小企業が他社を買収する場合、予め認定を受けることで、買収資金の一部を経費にすることができる。これにより資金繰りの改善と簿外債務のヘッジが可能となる。

改正の内容

▶ 新設（令和3年度税制改正、令和3年8月2日施行、令和6年3月31日適用期限）

　M&Aによる規模拡大を通じた中小企業の生産性向上と、増加する廃業に伴う地域の経営資源の散逸を回避するため、中小企業者が、認定を受けた経営力向上計画に基づきM&Aを実施した場合、簿外債務等のリスクに備えるため、中小企業事業再編投資損失準備金（取得株式等の取得価額の70％以下）を積み立て、損金算入できる。なお、積み立てた中小企業事業再編投資損失準備金は、5年経過後から5年間にわたり、均等に取り崩して益金の額に算入する。

適用場面

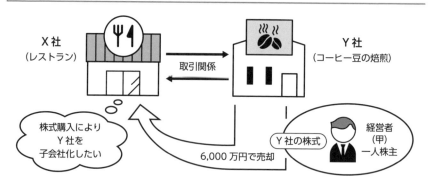

> 　レストラン経営を業とする会社（X社）は、コーヒーの焙煎を行う会社（Y社）から長年にわたり焙煎したコーヒー豆等を仕入れていた。Y社には、熟練した焙煎職人、目の利く生豆のバイヤー及びその他の従業員20人がいる。X社とY社の間には、長年の取引があり、Y社の焙煎職人には、コーヒー豆の種類や焙煎の方法について細かな注文も聞いてもらい、また、他の

営業職員とも信頼関係がある。会社（Y社）の経営者（甲）は一人株主であり、家族に後継者はいなかった。

　かねてより、X社の経営陣は、コーヒーの焙煎を内製化し、自社ブランドとしてコーヒーの提供を打ち出し、喫茶営業にも力を入れようとしていたので、この機会を利用して、経営者（甲）に対し、事業の承継を打診した。経営者（甲）が快諾したので、X社はY社の株式を購入し、子会社化することにした。その時の株式取得の対価は、6,000万円（取得経費等はないものとする）である。

　X社が、予め、経営力向上計画の認定を受け、これに従い、当期に、株式の取得価額6,000万円の70%である4,200万円を、当該株式の価格の低落による損失に備えるため、損金経理の方法により、中小企業事業再編投資損失準備金として積み立てた場合、4,200万円が所得の計算上損金の額に算入される。これにより、損金算入額に対応する法人税等相当額の資金繰りが改善する（約1,344万円（法定実効税率を32%と仮定））。

　また、中小企業においては、往々にして、会計・業務の監査に割り当てられる人的・物的組織に余裕がなく、また、同族経営である場合が多いため、M&Aの後、簿外債務が発覚することに備えたいところ、もし、これを負担する羽目になっても、買収後、5年間は上記の金額の範囲内で損失を填補できることになる。

　依頼者からの相談に際し、取引法的観点だけでなく、資金繰りに係る制度を知っておくことで、依頼者に対し、幅広い助言を行うことができる。例えば、設備投資や組織再編に当たって、自己資金だけでは足りない場合、金融機関からの融資を検討する必要がある。その際、中小企業は信用保証協会の保証を受けた融資（制度融資）や、株式会社日本政策金融公庫（以下、「公庫」という）からの融資等のバリエーションがある。この制度融資は、金融機関より借入を行う際、中小企業が信用保証協会に対して信用保証料を支払い、信用保証協会はその連帯債務を受託することにより、代位弁済が発生した場合の金融機関の損失を一部補填する仕組みで成り立っている。このバックグラウンドとして、信用保証協会は公庫と信用保険契約を締結し、公庫は信用保証協会に対して保険を引き受けることにより、信用保証協会が行う保証リスクをカバーしている（これを「信用補完制度」という）。中小企業が上記認定を受けることで、公庫の保証協会に対する保証率が引き上げられ、結果として中小企業は別枠での追加保証や保証枠の拡大

を受けることができる。加えて、公庫から特別利率による借入を行うことも可能
となる。また、「事業承継・引継ぎ補助金」を利用することで、事業承継やM＆
Aに要する経費を填補することができる（補助率3分の2、補助上限600万円）
（令和3年度補正予算）。税制上の優遇措置だけでなく、都度、創出される国や
地方の財政上の措置にも目を配っておきたい。

制度の内容

1 改正前の制度

　原則、法人が株式等を取得した場合、損金の額には算入されない。

2 改正後の制度

　後継者問題に悩む企業が黒字廃業することなく、価値ある事業を存続させるに
は、M＆Aを含む事業承継の促進を通じて、企業規模の拡大に貢献するととも
に、生産性を引き上げる道筋を用意していくことが重要である。

　中小企業のM＆Aにおいて、事前のデューディリジェンスが不十分であるケー
スが多く、買収後に簿外債務（例えば、買収先の複数の元従業員に対する未払残
業代金債務）などが発覚するリスクがある。

　そこで、生産性を拡大する見込みのある合併計画に対して、後に生じた想定外
の損失に備えて引当金の繰入（買収時の損金算入）を認めることとした。

　青色申告書を提出する中小企業者のうち強化法の経営力向上計画の認定を受け
たものが、その認定に係る経営力向上計画に従って他の法人の株式等を取得し
（購入による取得に限る）、かつ、これをその取得の日を含む事業年度終了の日
まで引き続き有している場合において、その株式等の価格の低落による損失に備
えるため、その株式等の取得価額の70％以下の金額を中小企業事業再編投資損失
準備金として積み立てたときは、その積み立てた金額は、その事業年度において
損金算入できる。

　本準備金は、その株式等の全部又は一部を有しなくなった場合等において取り
崩すほか、その積立てを行った事業年度の終了の日の翌日より5年を経過した日
を含む事業年度から5年間にわたり均等額を取り崩して、益金算入する。

経営力向上計画に基づくM＆A実施の流れ

> 1 M＆A基本合意

> 2 経営力向上計画の策定

> ①経営力向上の目標
> ②経営力向上による経営の向上の程度を示す指標
> ③経営力向上の内容及び実施時期（事業承継等を行う場合にあっては、その実施時期を含む）
> ④経営力向上を実施するために必要な資金の額及びその調達方法
> ⑤経営力向上設備等の種類

> 3 経営力向上計画の申請・認定

> ①主務大臣に計画申請書を提出（ＷＥＢ申請）
> ②主務大臣による計画認定

> 4 経営力向上計画の開始・実行・報告

> ①税制の適用期間内
> ②M＆Aの実施
> ③損失準備金の積立て
> ④M＆Aの報告を主務大臣に行い、確認書の受領

> 5 確定申告

> ①M＆A実施年度に係る確定申告・特例措置の申請

中小企業事業再編投資損失準備金の運用のイメージ

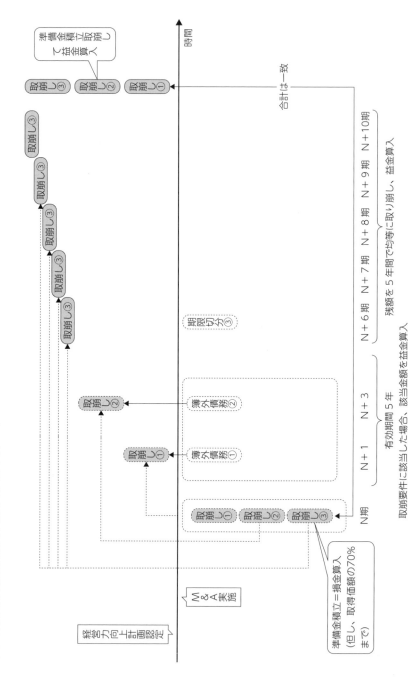

設例について、以下のような前提又は事実関係とする。

X社は、株式の取得価額6,000万円の70%である4,200万円を、当該株式の価格の低落による損失に備えるため、損金経理の方法により、中小企業事業再編投資損失準備金として積み立てる。

同準備金は事業年度終了の日の翌日から5年を経過した時点で全額が残っている。

この場合、積立て事業年度において、中小企業事業再編投資損失準備金＝取得価額×70%＝6,000万円×70%＝4,200万円が、所得の計算上、損金の額に算入される。

積立てを行った事業年度の終了の日の翌日から5年を経過すると、前事業年度から繰り越された中小企業事業再編投資損失準備金は、「措置期間経過準備金額」として益金の額に算入する必要がある。益金算入額は、据置期間経過準備金額に、当該各事業年度の月数を乗じてこれを60で除して計算した金額となる。

よって、上記5年経過後の事業年度において、所得の計算上、4,200万円（据置期間経過準備金額）×12ヶ月÷60ヶ月＝840万円が5年間にわたり益金の額に算入される。

・経営力向上計画の認定
　強化法17条

・損金算入の債務確定主義【原則】
　法法22条3項2号
・中小企業事業再編投資損失準備金【例外】
　措法56条

■ その他の経営資源集約化税制

制度の概要

中小企業者等が、認定を受けた経営力向上計画に基づき、M＆Aを実施し、かつ、経営資源集約化に資する設備を取得した場合、即時償却又は税額控除を認める（設備投資減税）。

改正の内容

▶ 新設（令和3年度税制改正、令和3年8月2日施行、令和5年3月31日適用期限）

経営力向上計画の認定を受けた中小企業者等に対する従来の優遇措置（生産性が旧モデル比平均1％以上向上する設備、投資収益率が年平均5％以上の設備、可視化・遠隔操作・自動制御化いずれかの設備に対する投資が対象）の対象に、M＆A後に収益性を上げる目的で実施される設備投資が追加された。

制度の内容

本制度は所得税においても適用があるが、法人税について説明する。

1　改正前の制度

ア　減価償却費の損金算入

原則、法人の事業の用に供される建物、建物附属設備、機械装置、車両運搬具、器具備品等の資産（減価償却資産）は、耐用年数期間に分割して損金の額に算入される。

イ　税額控除

原則、投資額に対する税額控除はない。

2　改正後の制度──減価償却と特別控除の選択適用

経営力向上計画の認定を受けた中小企業者等である青色申告法人が、一定の収益性（修正ROA又は有形固定資産回転率が一定割合以上であること）が見込まれる投資計画に係る設備を取得し、国内事業の用に供した場合には、その事業の用に供した事業年度において、即時償却又は税額控除の選択適用ができる。

①　減価償却費の損金算入限度額の例外（即時償却）

取得価額の全額

②　税額控除の例外（特別控除）

取得価額×10％（資本金3,000万円超の中小企業者等は7％）

節　税　事　件

　中小企業の後継者が、先代経営者から事業承継を行うに際し、知事による承継計画の確認並びに自社株式の贈与又は相続の認定等、一定の手続を経ることで、贈与税又は相続税が猶予される。

改正の内容

▶ 拡充（平成30年度税制改正　平成30年7月9日施行）

　従来から存在する制度（以下、「一般承継制度」という）（平成21年度税制改正）は、一部の納税猶予であるのに対し、本制度（以下、「特例承継制度」という）は、一般承継制度の要件を緩和し、かつ、納税猶予の額を全額まで拡充するものである。

▶ 拡充（令和4年度税制改正　令和4年4月1日施行）

　コロナウイルス感染症の影響により計画策定に時間を要する場合もあるため、特例承継計画の提出期限を令和6年3月末まで1年間延長する。

適用場面

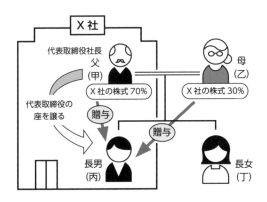

　父（甲）は、製造業を営む非上場株式会社（X社）の創業者かつ代表取締役であり、X社の発行済株式1,000株のうち70％を保有している。また、父

（甲）の妻（乙）はＸ社の株式を30％保有している（妻（乙）はＸ社の役員ではない）。Ｘ社は創業以来順調に業績を伸ばし、Ｘ社の相続税計算上の株式評価額は10億円となっている。父（甲）と妻（乙）には長男（丙）、長女（丁）がおり、長男（丙）は大学卒業後Ｘ社に入社し、５年前からＸ社の取締役として経営に従事している。なお、長女（丁）はＸ社に入社せず、Ｘ社にはかかわっていない。

　父（甲）は長男（丙）に代表取締役の座を譲り、併せて自身が保有するＸ社株式の全てにつき特例承継制度を活用し、長男（丙）に贈与することにより事業承継を行いたいと考えている。また、妻（乙）も同様に特例承継制度を活用し、長男（丙）に自身の保有するＸ社株式全株を贈与したいと考えている。

　父（甲）から長男（丙）及び妻（乙）から長男（丙）への贈与時におけるＸ社株式の相続税計算上の評価額の総額は10億円であり、父（甲）はＸ社株式の他、３億円の預貯金を有している。

　特例承継制度の下、株式を贈与又は相続により次世代の経営者に引き継ぐ場合、承継法12条１項１号に基づく都道府県知事の認定を受けたうえで、納税猶予の申告を行うことで、贈与により生じた贈与税は、贈与者が死亡するまで猶予され、贈与者が死亡した際に全額免除されると同時に、贈与者から当該株式を相続等により取得したものとみなされる。ここで、贈与者から相続等により取得したものとみなされた株式は、他の相続財産と合算し、相続税の課税対象となるが、ここで算出された相続税額のうち、当該株式に対応する金額は、次世代の経営者に引き継がれるまで猶予される。税制上の優遇措置に係る承継制度に関与する場合、以下に述べるような期限ごとの課題を知ったうえで、税理士と協働することが望ましい。

　なお、先代代表者等からの経営の承継に伴い、事業活動の継続に支障が生じる場合などでは、特例として、承継法12条に基づく都道府県知事の認定を受けることで、既に借り入れているものとは別枠で信用保証協会の保証を受けることができる。また、事業承継・引継ぎ補助金により、事情承継に係る費用の一部を補填することもできる（「３　M＆Aを伴う経営資源集約化」の適用場面参照）。

1 改正前の制度

　原則、相続税は、相続開始を知った日の翌日から10ヶ月以内に、贈与税は、贈与があった年の翌年３月15日までに、取得した財産の価額の合計額に対する相続税又は贈与税の申告・納付を行う。

　例外として一般承継制度が定められており、後継者が、先代経営者から、都道府県知事の認定を受けた非上場中小企業の株式等を相続又は贈与により取得した場合において、一定の要件・手続を満たす限り、相続又は贈与により取得した株式等に対応する相続税・贈与税の納税が猶予される（相続税については議決権総数の３分の２まで相続税の計算式に準じ80％相当額が限度、贈与税については議決権総数の３分の２まで全額）。

2 改正後の制度

　一般承継制度（例外）の例外として、特例承継制度が定められ、後継者が、先代経営者から、都道府県知事による特例承継計画の確認を受け、かつ、都道府県知事の認定を受けた非上場中小企業の株式等を相続又は贈与により取得した場合において、一定の要件・手続を満たす限り、相続又は贈与により取得した株式等に対応する相続税・贈与税の納税が全額猶予される。

3 本制度の建付

　承継法は、中小企業の代表者の死亡等に起因する経営の承継について、遺留分の特則を定めるとともに、一定の要件を充たす経営の承継を認定することで、資金供給の円滑化等の支援措置を講ずるものである。

　これに対し、措法は、上記認定を受けた経営の承継者について、非上場株式等について贈与税・相続税の納税を猶予することで、経営承継時の資金繰りを阻害しないようにするものである。

経営の承継に関する一般法と特別法の対照表

一般法（原則）		特別法（修正）		
民法1043条、1044条3項、1044条2項、904条	遺留分	承継法4条から10条	除外（一定の財産について、遺留分算定の基礎財産から除外）、固定合意（遺留分の算定に際し生前贈与時点での評価額に固定）	経済産業大臣の確認かつ家庭裁判所の許可
相法33条	納付	承継法12条1項1号イ 承規6、7条	事業承継者の認定 ⇩ 認定事業承継者の贈与税・相続税の猶予と免除 （特例承継制度は、一般承継制度の要件緩和及び効果拡大並びに相続時精算課税の適用対象拡大）	都道府県知事の承継計画の確認（特例承継制度で不可欠） 都道府県知事の認定 税務署長の特例適用による納税猶予 都道府県知事と税務署長への報告（定期と臨時）の審査
		一般承継制度	措法70条の7から70条の7の4	
		特例承継制度	措法70条の7の5から70条の7の8、70条の2の8	

　このように、両法が一体となって、経営承継の円滑化・促進が図られている。

④　一般承継制度と特例承継制度の対照

　特例承継制度は一般承継制度を準用しているため、制度の大枠は同じであるが、特例承継制度の適用を受ける権利を手に入れるためには、令和6年3月31日までに、都道府県知事に対し特例承継計画を提出する必要がある。また、特例承継制度は令和9年12月31日までに実施される贈与・相続について適用される時限立法であるが、一般承継制度には期間の制限はない。

　特例承継制度は一般承継制度に比べ、対象となる贈与税又は相続税が全額猶予され、また、雇用維持要件が実質的になくなるなど、効果や適用要件が大幅に改善されている。

　令和9年12月31日までは、特例承継制度と一般承継制度が併存することとなるが、効果や適用要件の面から、通常は特例承継制度を選択することになろう。

一般承継制度と特例承継制度の対照表

要件/効果	一般承継制度	特例承継制度
①事業計画の確認	不要	特例承継計画の提出 （平成30年4月1日から令和6年3月31日まで）
②5年間の雇用継続	5年平均で承継当初の雇用の8割以上を維持	実質的に8割以上の雇用継続ができなくても納税猶予は継続
③事業承継者	承継者一人が株式を承継する場合のみ	代表権を有する複数人（最大3名）への承継も可
④適用期限	なし	10年以内の贈与・相続 （平成30年1月1日から令和9年12月31日まで）
⑤免除	再生計画又は更生計画の認可の決定があった場合、猶予税額を再計算し、当初猶予額との差額を免除	左記に加えて、一定の事業の継続が困難な場合、株式の譲渡、合併、解散等の時において、猶予税額を再計算し、当初猶予額との差額を免除
⑥猶予税額	最大、発行済議決権付株式総数の3分の2に達するまでの株式について、贈与税は全税額、相続税は80%	取得した全ての株式について、全税額
⑦相続時精算課税	推定相続人・孫の後継者のみ	推定相続人・孫以外の後継者にも適用可

計 算 例

設例について、以下のような前提又は事実関係とする。

父（甲）から長男（丙）への贈与は令和3年10月1日に行い、贈与時の年齢は父（甲）70歳、長男（丙）40歳である。

妻（乙）から長男（丙）への贈与は令和4年10月1日に行い、贈与時の年齢は妻（乙）65歳、長男（丙）41歳である。

父（甲）は令和10年10月1日に死亡（77歳）する。父（甲）の相続財産は預貯金3億円であり、妻（乙）及び長女（丁）が1億5,000万円を各々相続する。

妻（乙）は令和22年10月1日に死亡（83歳）する。妻（乙）の相続財産は父（甲）より相続した預貯金1億5,000万円の他、5,000万円の預貯金があり、全てを長女（丁）が相続する。

① 父（甲）の後継者である長男（丙）に対し、全株式の贈与を行う。

　ア　暦年課税による場合

　　（7億円－110万円）×55％－640万円＝3億7,799万5,000円⇒全額猶予

　イ　相続時精算課税による場合

　　（7億円－2,500万円）×20％＝1億3,500万円⇒全額猶予

② 妻（乙）が長男（丙）に対し、全株式の贈与を行う。

　ア　暦年課税による場合

　　（3億円－110万円）×55％－640万円＝1億5,799万5,000円⇒全額猶予

　イ　相続時精算課税による場合

　　（3億円－2,500万円）×20％＝5,500万円⇒全額猶予

③ 父（甲）が死亡する。

　ア　①の猶予税額⇒全額免除

　イ　相続税の総額

　　課税遺産総額：（3億円＋7億円）－基礎控除4,800万円＝9億5,200万円

　　9億5,200万円×1/2（乙の法定相続分）×50％－4,200万円＝1億9,600万円

　　9億5,200万円×1/4（丙の法定相続分）×45％－2,700万円＝8,010万円

　　9億5,200万円×1/4（丁の法定相続分）×45％－2,700万円＝8,010万円

　　相続税の総額：1億9,600万円＋8,010万円＋8,010万円＝3億5,620万円

　ウ　乙・丙・丁の相続税額

　　乙の相続税額　配偶者の税額軽減を適用し、納付税額0円

　　丙の相続税額　3億5,620万円×7億円／10億円＝2億4,934万円⇒全額猶予

　　丁の相続税額　3億5,620万円×1億5,000円／10億円＝5,343万円⇒全額納付

④ 妻（乙）が死亡する。

　ア　②の猶予税額⇒全額免除

　イ　相続税の総額

　　課税遺産総額：（2億円＋3億円）－基礎控除4,200万円＝4億5,800万円

　　4億5,800万円×1/2（丙の法定相続分）×45％－2,700万円＝7,605万円

　　4億5,800万円×1/2（丁の法定相続分）×45％－2,700万円＝7,605万円

　　相続税の総額：7,605万円＋7,605万円＝1億5,210万円

　ウ　丙・丁の相続税額

　　丙の相続税額　1億5,210万円×3億円／5億円＝9,126万円⇒全額猶予

丁の相続税額　　1億5,210万円×2億円／5億円＝6,084万円⇒全額納付

　上記計算例において、特例承継制度の下、株式を贈与又は相続により次世代の経営者に引き継ぐ場合、贈与により生じた贈与税は、贈与者が死亡するまで猶予され（上記①及び②）、贈与者が死亡した際に全額免除される（上記③及び④）と同時に、贈与者から当該株式を相続（受贈者が贈与者の相続人でない場合は遺贈（以下、「相続等」という））により取得したものとみなされる。ここで、贈与者から相続等により取得したものとみなされた株式は、他の相続財産と合算し、相続税の課税対象となるが、ここで算出された相続税額のうち、当該株式に対応する金額は、次世代の経営者に引き継がれるまで猶予される（上記③及び④）。このように、特例承継制度を利用することで、承継時に課税される贈与税や相続税は猶予と免除が行われるため、税負担なくスムーズに株式を次世代に承継することができる。

　なお、長男（丙）がさらに次の世代に保有する株式を贈与する場合、関係法規の改正がない限り、特例承継制度を利用することはできず、一般承継制度を利用することになる。

　また、このような事実関係の下、①から④の各承継の段階において特例承継制度を利用した場合、それぞれ、概ね以下のような手続を経ることになる。

①　甲丙間の贈与契約の締結→X社が都道府県知事に対し特例承継計画の提出と事業承継の認定申請→丙が贈与税の猶予適用申請（贈与税の納税が猶予）→経営承継期間（5年間）は毎年、都道府県知事及び税務署長に報告→経営承継期間経過後は、3年ごとに税務署長に報告

②　乙丙間の贈与契約の締結→X社が都道府県知事に対し事業承継の認定申請→丙が贈与税の猶予適用申請（贈与税の納税が猶予）→経営承継期間（5年間）は毎年、都道府県知事及び税務署長に報告→経営承継期間経過後は、3年ごとに税務署長に報告

③　甲の死亡により相続が発生→X社が都道府県知事に対し、切替確認を受ける→丙が税務署に免除届出（猶予されていた贈与税が免除）、相続税の猶予適用申請（甲からの相続税の納税が猶予）→3年ごとに税務署長に報告

④　乙の死亡により相続が発生→X社が都道府県知事に対し、切替確認を受ける

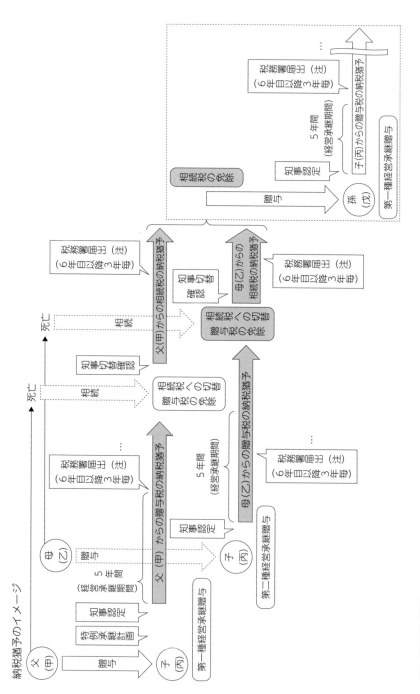

納税猶予のイメージ

（注）　経営承継期間中は、都道府県知事と税務署長に毎年届出。

→丙が税務署に免除届出（猶予されていた贈与税が免除）、相続税の猶予適用申請（乙からの相続税の納税が猶予）→３年ごとに税務署長に報告

　承継制度は、前述の通り１回の贈与や相続だけでなく、数次にわたる贈与や相続において、事業承継者における納税について猶予と免除を繰り返すことで、経営の承継を円滑にする制度である。最大の株主、かつ、代表者であった者で一定の要件を満たす経営者（以下、「先代経営者」という）が他の役員であって代表権を取得する等一定の要件を満たす者（以下、「事業承継者」という）に対して株式を贈与（相続）した場合の事業承継者は「第一種経営承継受贈者（相続人）」といわれるが、便宜上、その贈与（相続）を「第一種贈与（相続）」という。これに対し、先代経営者による贈与（相続）以後に行われた先代経営者以外の株主が事業承継者に対して株式を贈与（相続）した場合の事業承継者を「第二種経営承継受贈者（相続人）」というが、便宜上、その贈与（相続）を「第二種贈与（相続）」という。これら数次にわたる承継は、一般承継制度及び特例承継制度のいずれも適用対象となる。但し、第二種贈与（相続）については、最初に先代経営者から株式の移転が行われ、事業承継者において第一種経営承継受贈者（相続人）としての認定を受けている必要がある。また、先代経営者からの贈与又は相続に係る有効期限（各第一種贈与（相続）の申告書の提出期限の翌日から５年を経過する日をいう）までに、贈与（相続）税の申告期限が到来する場合に限られる。これらの条件を満たせば、第一種贈与の後に第二種相続を行うことや、第一種相続の後に第二種贈与を行うことも可能となる。

第一種贈与と第二種贈与のイメージ

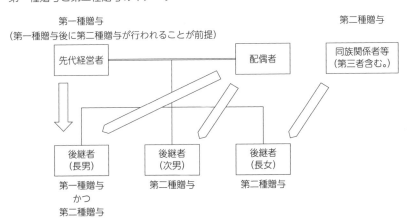

但し、各後継者は、10％以上の議決権を有し、かつ、各後継者が同族関係者のうちいずれの者が有する議決権の数をも下回らないことが条件となる。

関連条文

・中小企業者の事業活動継続上の支障の認定
　承継法12条1項1号イ

・相続税の納付【原則】
　相法33条
・一般承継制度【例外】
　措法70条の7〜70条の7の4
・特例承継制度【例外の例外】
　措法70条の7の5〜70条の7の8、70条の2の8

■ 個人版事業承継税制

　令和元年度税制改正では、個人の事業用資産に係る贈与税・相続税の納税猶予制度（以下、「個人版承継税制」という）が創設された。同制度によれば、後継者が都道府県知事の認定を受け、先代事業者から相続又は贈与により事業用資産を取得した場合において、贈与税・相続税の納税が猶予又は免除される。

　個人版承継税制は、後継者である受贈者又は相続人・受遺者が、事業用の宅地等、建物、減価償却資産（以下、「特定事業用資産」という）を贈与又は相続等により取得し、承継法の認定を受けた場合には、その特定事業用資産に係る贈与税・相続税について、一定の要件の下納税を猶予し、先代事業者の死亡等により、猶予されている贈与税・相続税の納付が免除される。

　本制度の適用を受けるためには、平成31年4月1日から令和6年3月31日までに個人事業承継計画を都道府県知事に提出し、確認を受け、かつ、平成31年1月1日から令和10年12月31日までの間に特定事業用資産の贈与・相続等であることの認定を受けることが前提となる。

　なお、納税猶予適用後は、原則として都道府県知事への報告（年次報告）は必要ないものの、税務署長へは、3年に一度報告（継続届出）を行う必要がある。

> M&Aの手法として、株式交付の手続により被買収会社の株主が買収会社に対し株式を譲渡し、その対価として、買収会社が当該株主に対し買収会社の株式を交付する場合、被買収会社の株主に対するキャピタルゲイン課税は繰り延べられる。

改正の内容

▶ 拡充（令和3年度税制改正、令和3年4月1日施行）

　産業法の特別事業再編計画の認定を受けたもののみを対象としていたが、要件を緩和し一般化。

　会社法の株式交付制度により、買収会社が自社の株式を対価としてM&Aを行った場合には、その被買収会社の株主が譲渡した被買収会社株式の譲渡損益の計上を繰り延べる。

適用場面

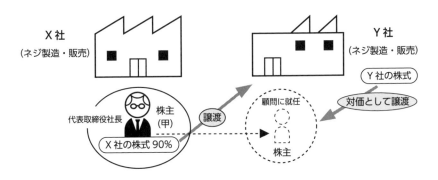

X社
（ネジ製造・販売）

Y社
（ネジ製造・販売）

代表取締役社長
株主（甲）
X社の株式 90%
譲渡

Y社の株式
対価として譲渡
顧問に就任
株主

> 　株主（甲）は、ネジの製造販売を業とする会社（X社）（資本金2,000万円）の発行済株式のうち90%を保有しており、その余は従業員が保有している。
> 　株主（甲）は、これまで代表取締役を務めてきたが、高齢であり、また、子らは事業を承継する意思がないので、やがて第三者に事業を譲渡したいと

思っていた。

　この度、株主（甲）は、同じくネジの製造販売を業とする会社（Ｙ社）から、株式譲渡の打診を受け、思案の結果、株主（甲）は、Ｙ社に対し、自己の株式すべてを譲渡しようと思っている。その時の株式の評価額は、9,000万円と見積もっている。

　Ｙ社としては、即、9,000万円を準備するのは、資金繰りに影響するため、上記株式の譲渡対価は、自社の株式の交付によることを望んでいる。また、円滑な事業の承継のため、当分の間、株主（甲）に対して、自社の経営に関与してもらいたいと思っている。

　株主（甲）は、株式の譲渡後、しばらくの間、Ｙ社の顧問として仕事を続けていくことに前向きである。なお、株主（甲）は、会社設立時に1,800万円を出資し、その後追加出資はない。

　株主（甲）がＹ社に対し、全所有株式を譲渡した場合、原則として、翌年の確定申告期限までにその譲渡所得を申告し、所得税及び個人住民税を納付しなければならない。この場合、譲渡対価は9,000万円、取得費は1,800万円となり、所得税と個人住民税の合計額は概ね以下の金額となる。

　　（9,000万円－1,800万円）×20.315％＝14,626,800円

　これらの納税に備えるため、金銭により譲渡代金の支払を受けておきたい。

　しかし、株主（甲）は、株式譲渡後もしばらくＹ社において報酬を得て業務を続ける予定であるので、今すぐに譲渡代金を得る必要がないのであれば、Ｙ社が株式交付の手続を取り、Ｙ社から同社の株式の交付を受けることで、上記の課税は繰り延べられる。もっとも、退路としてＹ社株式の譲渡方法は確保しておきたい。

　このように、会社法上の手続と併せて税制上の手続を視野に入れることで、取引や組織再編成を実行しやすくなる。

制度の内容

1　会社法

ア　改正前

　他の株式会社を買収しようとする株式会社（買収会社）が、自己の株式を対価

とする株式交換により当該他の株式会社（被買収会社）を買収しようとする場合、会社法上、買収会社は、被買収会社の発行済株式の全てを取得しなければならない。このため、買収会社が被買収会社を完全子会社とすることまでは予定していない場合、株式交換を用いることができない。

　また、被買収会社の株式を現物出資財産として自社の株式の募集をする場合、買収会社は、原則として検査役の調査が必要となる。

　このように、実務上、M＆Aの対価として自己の株式を用いることは困難であった。

イ　改正後

　買収会社が自己の株式を対価として円滑に被買収会社を子会社とすることができるように、買収会社が被買収会社の株式を譲り受け、当該株式の譲渡人に対しその対価として買収会社の株式を交付することができる株式交付制度を設けた。

株式交付制度のイメージ

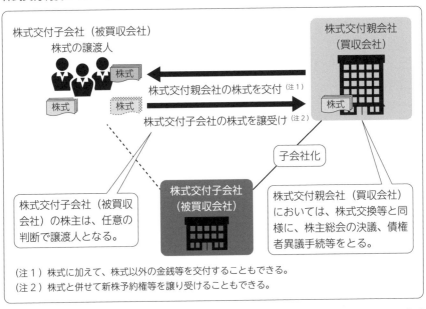

（注１）株式に加えて、株式以外の金銭等を交付することもできる。
（注２）株式と併せて新株予約権等を譲り受けることもできる。

出典：法務省「令和元年12月11日公布　会社法が改正されます」5頁を加工して作成

ア　改正前

被買収会社株式の譲渡時に、そのキャピタルゲインに対する課税が行われる。

(ア)　原則

①　個人の場合

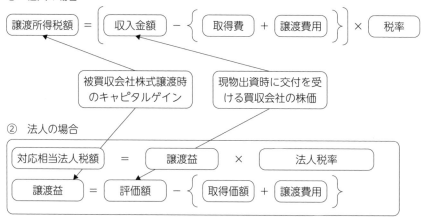

②　法人の場合

(イ)　例外

生産性向上を目指す事業再編を行う取り組みであって、特別事業再編計画として事業所管大臣の認定を受けた場合（産業法25条（平成30年5月23日法律第26号による改正時）以下に基づく認定）、当該認定を受けた事業者による自社株式を対価とした株式取得に応じた株主について、株式の譲渡損益への課税を繰り延べる。

イ　改正後

(ア)　キャピタルゲイン課税の繰り延べ

会社法774条の2以下に規定される株式交付に基づき、被買収会社株式を譲渡した場合、譲渡時のキャピタルゲイン課税は、その後に行われる買収会社株式を譲渡する時点まで繰り延べられる。

但し、当該株式が交付を受けた資産の価額の80％以上であることが要件であり、繰延額は、交付を受けた全資産に対する交付株式の価値の割合（以下、「株式交付割合」という）となる。

キャピタルゲイン課税の繰り延べは、被買収会社の株主が個人であるときは、その譲渡はなかったものとみなすことにより実現し、法人であるときは、被買収会社株式の譲渡直前の帳簿価額に株式交付割合を乗じた金額と、交付を受けた株式以外の資産の価額の合計額を譲渡対価として譲渡益を計算する（買収会社株式のみ交付なら譲渡益は0円となる）ことにより実現する。

(ｲ)　キャピタルゲイン課税

　繰り延べられた被買収会社のキャピタルゲインは、取得した買収会社の株式を譲渡したときに認識し、課税が行われる。

① 個人の場合

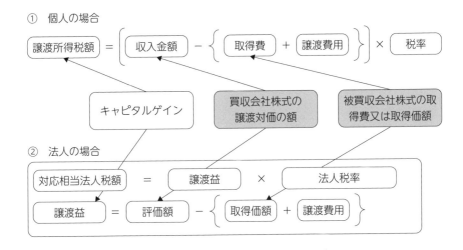

② 法人の場合

計　算　例

　設例について、以下のような前提又は事実関係とする。

　Y社は、X社を子会社とするために、X社の株式を譲り受け、当該株式の譲渡人である株主（甲）に対して当該株式の対価としてY社の株式（時価9,000万円）を交付することで株式交付の手続を取る。

　株主（甲）は、その後、Y社株式を1億2,000万円で譲渡した。

　X社株式及びY社株式の譲渡費用はない。

課税の繰り延べのイメージ

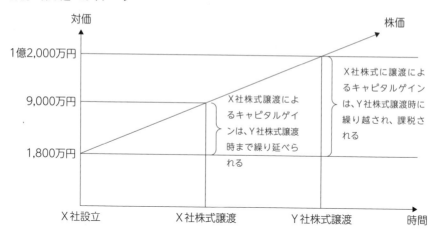

1 X社株式譲渡時

　X社株式の譲渡はなかったものとみなされるため、課税は生じない。

2 Y社株式譲渡時

　譲渡所得金額＝１億2,000万円－1,800万円＝１億200万円
　譲渡所得税額
＝１億200万円×20.315％＝20,721,300円（所得税及び個人住民税）（分離課税）

関 連 条 文

・株式交付
　会社法２条32号の２、774条の２～774条の11、816条の２～816条の10

〈個人〉
・譲渡所得に対する総合課税【原則】
　所法22条、89条
・一般株式等に係る譲渡所得等の課税の特例【例外】
　措法37条の10

・収入金額【原則】
　所法36条

・株式等を対価とする株式の譲渡に係る譲渡所得等の課税の特例【例外】
　措法37条の13の3

〈法人〉
・有価証券の譲渡益又は譲渡損の益金又は損金算入【原則】
　法法61条の2第1項1号
・株式等を対価とする株式の譲渡に係る所得の計算の特例【例外】
　措法66条の2

6 カーボンニュートラル投資

> 中小企業が脱炭素化のための設備投資を行うことで、ＣＳＲに応えられる。予め主務大臣の認定を受け、脱炭素化に寄与する設備投資を行った場合、その設備については減価償却費の割り増し計上又は税額控除を選択できる。また、補助金の活用や融資条件の優遇措置等、金融面での効果も期待できる。

改正の内容

▶ 新設（令和３年度税制改正、令和３年８月２日施行）

　世界的な脱炭素化への動きを受けて、我が国でも2050年までに温室効果ガス排出を全体としてゼロにすることを目指し、脱炭素社会の実現を目指すことが宣言された。脱炭素社会の実現をグリーン成長戦略の一環として位置づけ、税制面においても、産業法の認定を受けた青色申告法人又は個人事業者が取得する脱炭素化に寄与する生産設備や、脱炭素化を加速させる製品の生産設備への投資については、取得価額の50％の特別償却又は取得価額の５％（温室効果ガス排出削減に著しく寄与するものは10％）の税額控除を創設した。

適用場面

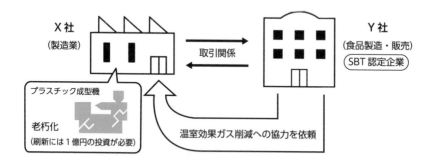

　弁護士（甲）が社外取締役をしているＸ社（資本金6,000万円）はプラスチック成型を業としており、東京証券取引所プライム市場に上場している食品製造販売大手Ｙ社からのプラスチック容器の受注が売上高の半分以上を占めている。Ｙ社は、ＳＢＴ認定を受けた企業であり、温室効果ガス排出削減

目標を設定している。Ｘ社はＹ社の上流にあり、プラスチック容器を供給しているので、Ｘ社の温室効果ガスの排出は、ＳＢＴスキームにおけるスコープ３に分類され、Ｙ社の事業活動に関連する他社の温室効果ガスの排出量の制限の対象になる。このため、Ｘ社は、Ｙ社からその削減の協力を求められている。Ｘ社のプラスチック成型機は老朽化が進んでおり、また、この機会に、全製品をリサイクルプラスチックにより製造することなどを検討している。Ｘ社は、新型成型機の導入に少なくとも１億円の投資が必要と見積もっている。この際、資金繰りなどを考慮し、産業法に規定する事業適応計画の認定を受けることができないか検討している。

　Ｘ社が取得する新型成型機の取得価額は１億円（耐用年数８年、定率法）であり、事業適応計画の認定を受け、申告期限内に法人税等の確定申告を行った場合、Ｘ社に繰越欠損金がなく、課税所得が黒字であれば、特別償却を選択した場合又は税額控除を選択した場合の効果は、概ね以下の金額となる。なお、便宜上、Ｘ社の法定実効税率は課税所得金額に対し32％として計算を行う。

① 特別償却を選択した場合

　通常の減価償却費に加え、新型成型機の取得価額に対し50％の特別償却額（5,000万円）がその事業年度の損金となるため、その事業年度の法人税等及び法人地方税の額は、特別償却額（5,000万円）の32％相当額である1,600万円減少する。

② 税額控除を選択した場合

　新型成型機の取得価額に対し５％の税額控除が認められるため、その事業年度の法人税等の額は、500万円減少する。

　上記設例を一見すれば、①の特別償却を選択した方が、Ｘ社にとって明らかに有利に思えるが、実際はそうとは言い切れない。なぜなら、特別償却は将来において計上される減価償却費を先取りしているだけであって、耐用年数の全期間を通じて償却できる金額は、取得価額の１億円を超えることはないからである。すなわち、特別償却を選択した場合、翌期以降の当該新型成型機の減価償却費は、特別償却を選択しなかった場合に比べ減少し、その分法人税等額は増加する。特別償却を選択した場合は、税額控除を選択した場合に比べ、特別償却を適用した事業年度のみに着目したときの節税効果は高いが、耐用年数全期間を通じた法人税額等は、特別償却を適用してもしなくても、理論上は同額となる。

　一方、税額控除は、減価償却費を通常通り計上したうえで、適用年度の納付す

べき法人税額等を直接減少させるため、控除された税額は恒久的に免除される。特別償却が、言わば将来の減価償却費を先取りすることによる課税の繰り延べであることに対し、特別償却は恒久免税であるため、単純に適用年度の節税額のみに着目して有利・不利を判定することはできない。

　一般的に、将来にわたり課税所得が一定程度生じ、納付すべき法人税額等が生じると見込まれる場合は、恒久免税たる税額控除を選択した方が有利とされ、反対に、適用年度に多額の納税が生じ、翌期以降は欠損の状態になることが見込まれる場合は、特別償却を選択する方が有利になる。それ故、特別償却を適用するか、税額控除を適用するかは、制度ごとの特別償却率の違いや、税額控除率の違いがあるうえに、各社の財政状態・経営成績により節税の額が変わってくるので、シミュレーションをしたうえでいずれかを選択すべきである。

　なお、措法による税制上の優遇措置（特別償却又は税額控除）を受けることに加えて、事業を所管する省庁などによる補助金の給付、融資を受けることができる場合があるので、新規投資に際し、キャッシュアウトの削減の観点だけでなく、キャッシュインの観点からも検討すべきである（「3　M&Aを伴う経営資源集約化」の適用場面の解説参照）。

制度の内容

　本制度は所得税においても適用があるが、法人税について説明する。

1　改正前の制度

ア　減価償却費の損金算入

　原則、法人の事業の用に供される建物、建物附属設備、機械装置、車両運搬具、器具備品等の資産（減価償却資産）は、耐用年数期間に分割して損金の額に算入される。

イ　税額控除

　原則、設備投資額に対する税額控除はない。

2　改正後の制度──特別償却と特別控除の選択適用

　産業法の認定事業適応事業者である青色申告法人が、生産工程効率化等設備（事業所などの炭素生産性を1％以上向上させるために必要となる機械装置、器具備品、建物附属設備等）又は需要開拓商品生産設備（温室効果ガス削減効果が大きく、新たな需要の拡大に寄与することが見込まれる製品の生産に専ら使用さ

れる機械装置）を取得し、国内事業の用に供した場合には、その事業の用に供した事業年度において、特別償却又は税額控除の選択適用ができる。

① 減価償却費の損金算入限度額の例外（特別償却）

　　取得価額×50%

② 税額控除の例外（特別控除）

　ア　生産工程効率化等設備

　　　　3年以内に炭素生産性7％以上10%未満向上　　　取得価額×5％

　　　　3年以内に炭素生産性10%以上向上　　　　　　取得価額×10%

　イ　需要開拓商品生産設備　　　　　　　　　　　取得価額×10%

但し、以下のように、中小企業者等とそれ以外とで要件が異なる。

・中小企業者等以外の法人が税額控除の適用を受ける場合、以下のいずれかに該当する必要がある。

　　① 当期所得≦前期所得

　　② 当期継続雇用者給与等支給額＞前期継続雇用者給与等支給額

　　③ 当期国内設備投資額＞当期償却費総額×30%

・地方税における法人住民税法人税割の計算上、課税標準となる法人税額は、中小企業者等についてのみ税額控除後の法人税額となる。

カーボンニュートラル投資促進税制の適用の流れ

1　エネルギー利用環境負荷低減事業適応計画の策定

①事業適応の目標

目標年度における炭素生産性の向上　≧　7％

炭素生産性の向上　＝　（目標年度（3年以内）の炭素生産性−基準年度の炭素生産性）／基準年度の炭素生産性×100

炭素生産性＝付加価値額／エネルギー起源二酸化炭素排出量

付加価値額＝営業利益＋人件費＋減価償却費

エネルギー起源二酸化炭素排出量＝燃料、他人から供給された電気又は熱の使用により発生する二酸化炭素排出量

②事業適応の内容及び実施時期

③事業適応に係る経営の方針の決議又は決定の過程

2　エネルギー利用環境負荷低減事業適応計画の申請・認定

①主務大臣に計画申請書を提出（ＷＥＢ申請）

②主務大臣による計画認定

3　エネルギー利用環境負荷低減事業適応計画の開始・実施

①税制の適用期間内

②設備等の製作・取得

③事業への供用開始

4　確定申告

①製作・取得年度に係る確定申告・特例措置の申請

5　実施状況報告

①主務大臣に事業適応計画の実施期間中毎年度報告

設例について、以下のような前提又は事実関係とする。

X社は青色申告事業者で、新型成型機の取得価額を1億円（耐用年数8年、定率法）とし、エネルギー利用環境負荷低減事業適応計画（目標年度における炭素生産性の向上は8％とする）の認定を受け、予定通り設備投資が実施された。なお、当該設置事業年度までに欠損金はなく、法人所得は1億円であり、法定実効税率は32％とする。

この場合、特別償却額又は税額控除額は以下の通りである。

1 X社が特別償却を選択した場合

法人税等及び法人地方税繰延額＝特別償却額×法定実効税率

＝（取得価額×50％）×法定実効税率

＝（1億円×50％）×32％

＝1,600万円

2 X社が税額控除を選択した場合

法人税等節約額＝取得価額×5％

＝1億円×5％

＝500万円

・認定エネルギー利用環境負荷低減事業適応事業者
　産業法21条の15第1項

〈国税・個人〉
・個人の減価償却資産の償却費の計算及びその償却の方法【原則】
　所法49条1項
・税額控除の対象【原則】
　所法第2編第3章第2節
・個人の事業適応設備を取得した場合等の特別償却又は所得税額の特別控除【例外】

措法10条の５の６第５項、９項
・中小企業者以外の個人が特別控除を受ける場合の特例【例外の例外】
　措法10条の６第５項

〈国税・法人〉
・法人の減価償却資産の償却費の計算及びその償却の方法【原則】
　法法31条１項
・税額控除の対象【原則】
　法法第２編第１章第２節第２款
・法人の事業適応設備を取得した場合等の特別償却又は法人税額の特別控除【例外】
　措法42条の12の７
・中小企業者以外の法人が特別控除を受ける場合の特例【例外の例外】
　措法42条の13第５項

〈地方税・法人〉
・法人住民税の課税標準としての法人税額【原則】
　地法23条１項４号、292条１項４号
・中小企業者等の法人住民税の課税標準の特例【例外】
　地法附則８条10項

■ デジタルトランスフォーメーション（ＤＸ）投資促進税制

改正の内容

▶新設（令和3年度税制改正、令和3年8月2日施行）

　昨今のコロナ禍において、我が国におけるデジタル化の遅れが課題として浮き彫りになった。こうした事態に対応するため、産業法の認定を受け、デジタル技術を活用した全社的な取り組みを行い、企業変革に積極的に対応する企業については、必要なクラウド技術を活用したデジタル関連投資に対し、その取得価額の30％の特別償却又は取得価額の3％（グループ外事業者とデータ連携をする場合、5％）の税額控除を創設した。なお、制度の建付及び優遇規定の適用を受けるための手続は、カーボンニュートラル投資促進税制と同様である。

適用場面

> 　弁護士（甲）が社外取締役をしているＸ社（資本金6,000万円）は、近畿圏で複数店舗を展開し、生鮮食料品を中心とする食料品の販売を営んでいる。Ｘ社は生産農家との直の契約を核として、新鮮かつ廉価な商品の販売を心掛けている。この度、取締役会議において、需要を合理的に予測することで安定的な商品の仕入れを確保し、また、商品の廃棄率を下げるため、各生産者の生産状況のデータと各店舗における販売状況に係るビッグデータの解析ソフトの導入を検討しており、このシステムの導入に3,000万円を見込んでいる。Ｘ社は当該設置の事業年度までに欠損金はなく、導入年度の法人所得として1億円を見込んでいる。

　Ｘ社が青色申告事業者で、導入を予定しているシステムの導入費を3,000万円（耐用年数5年、定額法）とし、事業適応計画（グループ外事業者とデータ連携）の認定を受け、期首から事業の用に供し、期限内に、法人税の確定申告を行った場合、法人に繰越欠損金がなく、法人所得が黒字であれば、概ね

① 特別償却を選択した場合

　　法人税等及び法人地方税の先送り金額（繰延税額）は、法定実効税率を32％とすれば、特別償却額×法定実効税率＝3,000万円×30％×32％＝288万円である。

② 税額控除を選択した場合

　　法人税等節約額は、取得価額×税額控除率＝3,000万円×5％＝150万円である。

節　税　経　営

> 　企業の積極的な賃上げを促すため、中小企業については、従業員の賃金を前年比1.5%以上増加させれば、その増加分の15%に相当する税額控除が認められる。

改正の内容

▶ 拡充（令和4年度税制改正　令和4年4月1日施行、法人については、令和4年4月1日から令和6年3月31日までの間に開始する各事業年度（個人については、令和5年及び令和6年分が適用対象））

　従来から中小企業者等が雇用者の給与等の支給額を増加させた場合に税額控除が認められていたが、控除額の上乗せ要件を単純化するとともに、上乗せ率を拡大した。

適用場面

> 　個人で法律事務所を経営する弁護士（甲）は、業務量の増加により新規に事務員を1名増員し、前年と比べて給与の支給総額が300万円増加した。なお、前年の給与の支給総額は1,200万円であり、弁護士（甲）は毎年青色申告により確定申告をしている。

　今年の給与等支給総額1,500万円≧前年の給与等支給総額1,200万円×102.5%であるため、賃上げ時の課税の特例を適用し、かつ、15%の上乗せ措置を適用することができる。

　よって、増加した給与等支給300万円×30%＝90万円の税額を控除できる（但し、調整前所得税の額の20%を限度とする）。

制度の内容

1　改正前の制度

　原則、経費支出に対する税額控除はない。例外として、雇用者の給与等の支給額を増加させた場合には税額控除がある。

2 改正後の制度

　例外の措置について、控除額の上乗せ要件を単純化するとともに、上乗せ率を拡大した。

　青色申告書を提出する中小企業者等が、国内雇用者に対して給与等を支給する場合において、その年度の給与等支給総額が、前年度の給与等支給総額に比べ1.5％以上増加したときは、その増加した金額の15％を法人税の額又は所得税の額から控除できる。さらに、その年度の給与等支給総額が、前年度の給与等支給総額に比べ2.5％以上増加した場合は、税額控除率が15％上乗せされる。加えて、教育訓練費の額が、前年度の教育訓練費の額に比べ10％以上増加したときは、税額控除率が10％上乗せされる。

3 賃上げ促進税制の改正前後の制度の対照

	改正前 （法人税は、令和 4 年 3 月31日以前開始事業年度、所得税は、令和 4 年分以前）	改正後 （法人税は、令和 4 年 4 月 1 日以降開始事業年度、所得税は、令和 5 年分以降）
賃上げ要件	当期雇用者給与等支給額≧前期雇用者給与等支給額×101.5％	同左
税額控除率	（当期雇用者給与等支給額－前期雇用者給与等支給額）×15％	同左
控除額の上乗せ要件	1．以下の要件を満たす場合の税額控除率を10％上乗せする ①当期雇用者給与等支給額≧前期雇用者給与等支給額×102.5％ ②以下のいずれかの要件を満たすこと イ）当期教育訓練費の額≧前期教育訓練費の額×110％ ロ）適用年度終了の日までに強化法に基づく経営力強化計画の認定を受け、かつ、経営力強化計画に基づき経営力向上が確実に行われたことにつき証明がされていること	1．以下の要件を満たす場合の税額控除率を15％上乗せする 当期雇用者給与等支給額≧前期雇用者給与等支給額×102.5％ 2．以下の要件を満たす場合の税額控除率を10％上乗せする 当期教育訓練費の額≧前期教育訓練費の額×110％ 結果、1、2要件を満たす場合の税額控除率は40％となる
控除限度額	調整前法人税額（又は調整前事業所得税額）×20％	同左

雇用者給与等支給額とは、損金（個人事業の場合は必要経費）の額に算入される全ての国内雇用者に対する給与等の支給額をいうのであるが、これには毎月の給与の他、賞与も含まれる。給与の支給額は税額控除の要件を満たすが、賞与を含めて判定を行った場合、結果として賃上げ要件を満たさないこともあるので、給与・賞与を含めて賃上げ要件を判定する必要がある。

　なお、賃上げ要件の判定及び控除額の上乗せ要件の判定で用いる雇用者給与等支給額からは、雇用調整助成金及びこれに類するものの額は控除しないが、税額控除率を乗じる計算の基礎となる雇用者給与等支給額からは、雇用調整助成金及びこれに類するものの額を控除することに留意する必要がある。

関連条文

〈個人〉

・税額控除の対象【原則】
　所法第2編第3章第2節
・給与等の支給額が増加した場合の所得税額の特別控除【例外】
　措法10条の5の4

〈法人〉

・税額控除の対象【原則】
　法法第2編第1章第2節第2款
・給与等の支給額が増加した場合の法人税額の特別控除【例外】
　措法42条の12の5

■ 賃上げ促進税制～大企業の場合～

改正の内容

▶ **拡充**（令和4年度税制改正　令和4年4月1日施行）

　従来から雇用者の給与等の支給額を増加させた場合に税額控除が認められていたが、着眼点を新規雇用者から継続雇用者の賃上げに移しつつ、控除額の上乗せ対象を追加するとともに、上乗せ率を拡大した。

　但し、資本金の額等が10億円以上であり、かつ、常時使用する従業員数が1,000人以上である大企業については、給与等の支給額の引き上げ方針等をインターネットにより公表したことを経済産業大臣に届けている場合に限り、本規定が適用される。

制度の内容

　青色申告書を提出する大企業が、国内雇用者に対して給与等を支給する場合において、①その事業年度の継続雇用者給与等支給額が、前期の継続雇用者給与等支給額に比べ3％以上増加し、かつ、②その事業年度の給与等支給総額が、前期の給与等支給総額に比べ増加したときは、その事業年度の控除対象雇用者給与等増加額の15％を法人税又は所得税の額から控除できる。この場合において、①の増加割合が4％以上であるときは、税額控除率が10％上乗せされ、その事業年度の教育訓練費の額が前期の教育訓練費の額に比べ20％以上増加しているときは、税額控除率が5％上乗せされる。

　なお、大企業は中小企業者等に比して、賃上げ促進税制の適用の要件が厳しく、優遇措置の内容は小さい。

　ここで、継続雇用者給与等支給額とは、当期及び前期の全ての期間を通じて給与等の支給がある雇用者をいい、控除対象雇用者給与等増加額とは、当期の給与等支給総額から、前期の給与等支給総額を控除した金額をいう。改正前では新規の雇用者に対する給与等支給額の増加割合により適用を判定していたが、今回の改正で2年度以上にわたり継続して雇用している雇用者に対する給与等支給額の増加割合で適用要件を判定することとなった。

制度の改正前後の対照表

	改正前 （法人税は、令和4年3月31日以前開始事業年度、所得税は、令和4年分）	改正後 （法人税は、令和4年4月1日以降開始事業年度、所得税は、令和5年分以降）
新規採用者の賃金要件	当期新規雇用者給与等支給額≧前期新規雇用者給与等支給額×102％	なし
継続雇用者に対する賃上げ要件	なし	当期継続雇用者給与等支給額≧前期継続雇用者給与等支給額×103％
経済産業省への届出	なし	資本金の額等が10億円以上で、かつ、常時使用する従業員が1,000人以上である場合は、給与等の支給額の引き上げ方針等をインターネットを利用して公表したことを経済産業大臣に届け出る必要あり。
賃上げ要件	当期雇用者給与等支給額＞前期雇用者給与等支給額	同左
税額控除率	（当期雇用者給与等支給額－前期雇用者給与等支給額）×15％	同左
控除額の上乗せ要件	①以下の要件を満たす場合の税額控除率を5％上乗せ 当期教育訓練費の額≧前期教育訓練費の額×120％	①以下の要件を満たす場合の税額控除率を5％上乗せ 当期教育訓練費の額≧前期教育訓練費の額×120％ ②以下の要件を満たす場合の税額控除率を10％上乗せ 当期継続雇用者給与等支給額≧前期継続雇用者給与等支給額×104％ 結果、①、②要件を満たす場合の税額控除率は30％となる。
控除限度額	調整前法人税額（又は調整前事業所得税額）×20％	同左

8 ライフプランとフリンジベネフィット

（ 節 税 ）（ 生 活 ）

> 事務所にiDeCo＋を導入することで、従業員の福利厚生とインセンティブに役立ち、経営者弁護士は掛金を必要経費に計上できる。また、従業員にとっては、年金受給時に節税のメリットがある。

改正の内容

▶ **拡充**（令和2年度税制改正、令和2年10月1日施行（但し、iDeCoは令和4年5月1日施行）

　高齢期の就労が拡大する中で、長期化する高齢期の経済基盤を充実できるよう、また、中小企業を含むより多くの企業や個人が制度を活用できるよう、制度の見直しを行った。

　iDeCoに加入できるのは公的年金の被保険者で60歳未満の者から65歳未満の者に拡大された。

　「中小事業主掛金納付制度（iDeCo＋）」について、適用対象となる雇用主たる企業の従業員規模要件を現行の100人以下から300人以下とし、適用対象となる従業員を拡大した。

▶ **拡充**（令和2年度税制改正、令和4年4月1日施行）

　確定拠出年金における老齢給付金の受給開始の上限年齢を70歳から75歳に引き上げ、60歳（加入者資格喪失後）から75歳までの間で受給開始時期を選択可とした。

適用場面

> 　個人事務所を経営している弁護士（甲）は、引退後の生活の安定のため、自己又は専業主婦である妻（乙）にとって有利な公的年金以外の年金制度がないか探している。弁護士（甲）の事業所得は1,500万円、所得控除額は200万円である。なお、弁護士（甲）は国民年金第1号被保険者、妻（乙）は同第3号被保険者であり、弁護士国民年金基金には加入していない。
>
> 　また、弁護士（甲）は、従業員（丙ら）を5名雇っているが、従業員のフリンジベネフィットの一環として、また、従業員の定年退職後の生活の維持のため、有利な公的年金以外の年金制度がないか探している。なお、従業員（丙ら）は協会けんぽに加入しており、厚生年金保険の被保険者（国民年金第2号被保険者）である。

1 弁護士（甲）について

　弁護士（甲）は、国民年金第１号被保険者であるので、国民年金連合会に対し、個人型確定拠出年金（ｉＤｅＣｏ）の加入の申込を行い、毎月掛金を支払うことで、60歳になって以降、年金を受け取ることができる。なお、毎月の掛金の上限は、68,000円－弁護士国民年金基金の掛金となるところ、本件では、後者は０円なので、月額68,000円まで拠出できる。

　拠出した掛金については、全額所得控除を受けることができる。なお、弁護士（甲）が妻（乙）の掛金を出捐したとしても、弁護士（甲）は、掛金を拠出し、かつ、その個人別管理資産について運用の指図を行う者（個人型年金加入者）ではないので、所得控除の対象にならない。この点、生命保険料の控除の対象が、保険金等の受取人の全てをその保険料の払込みをする者又はその配偶者その他の親族としているのとは異なっている。

　ｉＤｅＣｏの受給時には、年金で受け取るか、一時金で受け取るか、又は年金と一時金を併用して受け取るかを選択できるが、いずれにしても掛金拠出時における所得控除において優遇されている。

　弁護士（甲）が、中小事業主掛金納付制度（ｉＤｅＣｏ＋）を導入し、事業主掛金を拠出した場合、拠出した掛金は全額必要経費になり、（対応する所得税率＋個人住民税率（10%））（以下、「実際税率」という）×事業主掛金拠出年額分を節税できる。

　弁護士（甲）がｉＤｅＣｏ及びｉＤｅＣｏ＋に加入した場合、これらに未加入であった場合に比べ、１年間の節税額は約62万円になる。

2 妻（乙）（専業主婦）について

　妻（乙）は、国民年金第３号被保険者であるので、国民年金連合会に対し、ｉＤｅＣｏの加入の申込を行い、毎月掛金を支払うことで、60歳になって以降、年金を受け取ることができる。なお、毎月の掛金の上限は、23,000円である（妻（乙）は、業務補助をしていないので弁護士国民年金基金には加入できない）。

　但し、妻（乙）に所得がなければ、拠出した掛金については、節税効果はない。

　ｉＤｅＣｏの受給時の扱いは、弁護士（甲）の場合と同様である。

3 従業員（丙ら）について

　従業員（丙ら）は、厚生年金保険の被保険者（国民年金第２号被保険者）であ

るので、国民年金連合会に対し、ｉＤｅＣｏの加入の申込を行い、毎月掛金を支払うことで、60歳になって以降、年金で受け取るか、一時金で受け取るか、又は年金と一時金を併用して受け取るかを選択できる。なお、毎月の掛金は、企業年金（企業型確定拠出年金、確定給付企業年金、厚生年金基金）に加入していない場合、月額23,000円まで拠出できる。

　この際、使用者である弁護士（甲）は、企業年金を導入しておらず、また、従業員数が300人以下なので、国民年金連合会に対し、従業員（丙ら）のために、ｉＤｅＣｏ＋の拠出を行うことで、従業員の老後の所得確保の支援ができる（フリンジベネフィット）。

　弁護士（甲）が、ｉＤｅＣｏ＋を実施し、事業主掛金を拠出した場合、従業員（丙ら）は経済的利益（給与所得）を享受したことになるが、当該利益について従業員（丙ら）は課税されない。他方、従業員（丙ら）が拠出した掛金については、実際税率×当該拠出年額分を節税できる。

　ｉＤｅＣｏ（ｉＤｅＣｏ＋）の受給時の扱いは、弁護士（甲）の場合と同様である。

制度の内容

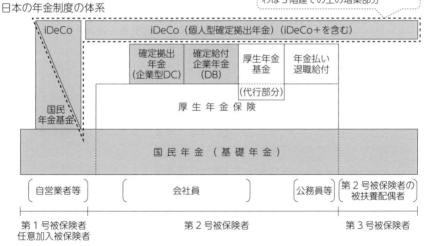

日本の年金制度の体系

出典：厚生労働省年金局「年金制度基礎資料集（2021年3月）」7頁を加工して作成

　確定拠出年金は、拠出された掛金とその運用収益との合計額をもとに、将来の

給付額が決定する年金制度である。確定拠出年金には、掛金を事業主が拠出する企業型年金と、加入者自身が拠出するiDeCoがある。

確定拠出年金の種類

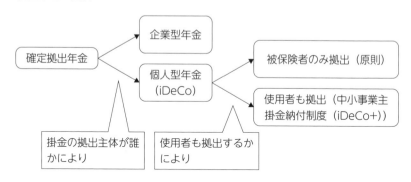

　個人型年金については加入者が運用を行う。すなわち、加入者が、年金実施主体である国民年金基金連合会から資産の運用の委託を受けた運営管理機関に対し、預貯金、投資信託、保険商品等（運用商品）を選択し、運用を指図する。商品の選択によっては、元本が保証されているわけではなく、また、委託手数料の負担が生じる。

　iDeCo＋を導入するためには、第1段階として、厚生年金保険の被保険者の過半数を代表する者（厚生年金保険の被保険者の過半数で組織する労働組合がある場合はその労働組合）と協議を行う。第2段階として、労使合意ができた後に、従業員（丙ら）各自について、事業主掛金の額などを通知し、事業主掛金を拠出（iDeCo加入者の掛金と合計して、1ヶ月あたり5,000円以上23,000円以下となるように1,000円単位で拠出できる）することについて同意を得る必要がある。但し、全従業員に対して、iDeCoの加入を強制することはできない。

　個人型年金の特徴・メリットは以下の通りである。

① 国民年金の被保険者であれば、誰でも加入できる。
② 加入者等が転職した場合等には、確定拠出年金で積み立てた資産を他の制度に引き継がせることができる。
③ 拠出金について税制上優遇されている。すなわち、加入者が拠出した掛金については、全額所得控除（小規模企業共済等掛金控除）を受けることができ、事業主が拠出した掛金は、全額必要経費に算入される。
④ 運用益について課税されない。

⑤　受給方法として、年金として受け取る方法、一時金（「確定拠出による老齢給付金」と呼ばれる）として受け取る方法、年金と一時金を併用して受け取る方法がある。年金として受給した場合、雑所得（公的年金等）となり、公的年金等控除を受けることができる。一時金として受給した場合、退職所得となり、退職所得控除を受けることができる。これらの所得は他の所得に比べて控除額が多く、節税効果が期待できる。

───────────
計　算　例
───────────

設例について、以下のような前提又は事実関係とする。

　弁護士（甲）の40歳から65歳までの各年の事業所得は1,500万円、所得控除額は200万円とする。

　弁護士（甲）は40歳でiDeCoに加入し、月額掛金68,000円を満65歳まで拠出する。

　弁護士（甲）は、従業員（丙ら）5人（全員40歳）に対し、フリンジベネフィットの一環として各々月額1万円をiDeCo＋に拠出し、従業員（丙ら）も、同額を拠出する。

　従業員（丙ら）は、満65歳で定年退職する。

　弁護士（甲）は65歳で引退し、65歳以降、国民年金について年額72万円の受給、及び、iDeCoについて満65歳で2,100万円の給付額を見込む。

　弁護士（甲）の65歳以降の各年の所得控除額は120万円とする。

1　掛金拠出時の課税関係

	iDeCo及びiDeCo＋に加入した場合	iDeCo及びiDeCo＋に未加入の場合
事業所得	1,500万円－60万円（iDeCo＋拠出額）＝1,440万円	1,500万円
所得控除	200万円＋81万6,000円（iDeCo拠出額）＝281万6,000円	200万円
課税所得金額	1,440万円－281万6,000円＝1,158万4,000円	1,300万円
所得税及び個人住民税納税額(概算)	349万円	411万円

　弁護士（甲）がiDeCo及びiDeCo＋に加入した場合、これらに未加入

であった場合に比べ、40歳から65歳までの各年での節税額は411万円－349万円＝62万円となり、これを25年間継続した場合の節税額の累計額は1,550万円となる。

2 受給時の課税関係

ア 弁護士（甲）について

　iDeCoの受給を、65歳から15年間の年金で受給する場合、又は一時金で受給する場合の課税関係及び納税額は以下の通りである。

	65歳から15年間の年金で受給する場合	65歳で一時金により受給する場合
所得区分	雑所得（公的年金等）	退職所得
所得金額	国民年金年額72万円 iDeCo年額140万円 （72万円＋140万円）－110万円（＊） ＝102万円 ＊　公的年金等控除額	退職所得 　（2,100万円－1,150万円（＊）） 　×1/2＝475万円 ＊　退職所得控除額 　　40万円×20年＋（25年－20年）×70万円 雑所得 　国民年金72万円は公的年金等控除額110万円以下につき、所得は生じない。
課税方式	総合課税	分離課税
所得税及び個人住民税（概算）	雑所得が所得控除額以下につき課税は生じない。	100万円

イ 従業員（丙ら）について

　従業員（丙ら）が65歳で退職する際、弁護士（甲）が拠出したiDeCo＋の確定給付額について、従業員（丙ら）は、年金として受け取るか、一時金として受け取るか、又は年金と一時金を併用して受け取るかを選択できる。年金として受け取る場合は雑所得として公的年金等控除を受けることができ、退職金として受け取る場合は退職所得として退職所得控除を受けることができる。仮に従業員（丙ら）が一時金として受け取ることを選択し、各人の確定給付額が各々700万円であると仮定した場合、確定給付額は退職所得控除額以下であるため、従業員（丙ら）に対する課税は生じない。

なお、収入から控除される退職所得控除の計算は、本来の退職手当と、退職手当とみなされる確定拠出による老齢給付金の基礎となる期間（前者は、勤続期間、後者は、加入期間など）に比例する。これらを同時に受給した場合は、本来の退職手当と、退職手当とみなされる確定拠出による老齢給付金の基礎となる期間各々で退職所得控除額を計算するのではなく、最も長い方の期間により退職所得控除額を計算することになる。この場合、重複している期間に対する退職所得控除額は、結果として長い方の期間により計算した退職所得控除額に吸収され、節税効果は上がらない。もっとも、受給時期について５年以上の間隔をあけることで、各々の期間で退職所得控除額を計算することも可能である。但し、ｉＤｅＣｏを始めとする確定拠出年金を退職金として受け取る場合、前年以前14年以内に受けた退職金があれば、重複期間は差し引かれることとなり、思ったような節税効果が上がらないこともある。このように、受給方法については各個人の状況により有利な方法が異なるため、必要に応じ専門家に相談し、老後の生活設計を検討すべきである。

関連条文

・税制上の措置
　年金法86条
・企業型年金
　年金法第２章
・個人型年金
　年金法第３章

・事業所得の金額
　所法27条
・小規模企業共済等掛金控除
　所法75条
・確定給付企業年金規約等に基づく掛金等の取扱い
　所令64条
・退職所得控除
　所法30条、31条
・公的年金等控除
　所法35条

・退職年金等積立金に対する法人税の課税【原則】

　法法 7 条、84条、附則20条 1 項

・退職年金等積立金に対する法人税の課税の停止【例外】

　措法68条の 5

■ 少額投資非課税制度（NISA）とiDeCoの使い分け

　ライフプランにおいて、iDeCoと同様の機能を果たす少額投資非課税制度（NISA）がある。これは、個人投資家のための税制優遇制度である。NISAでは、毎年一定額の非課税投資枠が設定され、上場株式・株式投資信託等の配当・譲渡益等が非課税対象となる。

改正の内容

▶ 見直し（令和2年度税制改正、令和6年1月1日施行）

　人生100年時代を迎え、成長資金の供給を促しつつ、家計の安定的な資産形成を促進する観点から、少額からの積立・分散投資を促進していく。

① 非課税期間5年間の一般NISAについて、原則、積立てを行っている場合に別枠の非課税投資を可能とする（2階建ての制度へ）。

② 1階部分の投資対象は、積立・分散投資に適した一定の公募株式投資信託等（つみたてNISAと同様、低リスク）とし、2階部分の投資対象は、公募株式投資信託等と上場株式（但し、高レバレッジ投資信託など安定的な資産形成に不向きな一部の商品を除く）とする。

制度の内容

　NISAについては、iDeCoとの違いを理解したうえで、使い分けるのがよいといわれている。

　iDeCoは、拠出時から投下資本の回収時まで税制上の優遇措置の内容が手厚いが、一方で、長期間投下資本が拘束される。これに対し、NISAは、拠出時から投下資本の回収時まで税制上の優遇措置の内容は薄いが、一方で、必要に応じ投下資本を回収することができる。

　このような特徴から、人生の三大支出に対応する住宅資金、教育資金、老後資金の需要について、iDeCoは、老後資金に限定されるが、NISAは、これらいずれにも対応することができる。但し、新NISAとつみたてNISAについては、いずれか一方しか選択できない。

　平たくいえば、iDeCoはロングで運用し、NISAはロング〜ショート、アクティブ型、インデックス型、バランス型の組合せで運用し、上手に分散投資し、ライフイベントにおける資金需要に備えたい。

　以下、各制度の主な特徴は、以下の通りである。

		iDeCo	NISA	
			新NISA	つみたてNISA
拠出・投資上限額（年）		81万6,000円 （但し、自営業者）	2階　102万円 1階　20万円 （但し、総額 600万円まで）	40万
税制上の優遇措置の内容	拠出時	所得控除	なし	なし
	運用時	非課税 但し、口座管理手数料がかかる。	配当等に対し非課税	分配金に対し非課税
	投下資本回収時	退職所得として分離課税、雑所得として公的年金等控除	譲渡所得に対し非課税	譲渡所得に対し非課税
運用期間		60歳まで	5年間	20年間
投下資本の回収時期		原則、60歳以上	随時	随時

(1) 適格請求書等保存方式による消費税制

> 令和5年10月から施行されるインボイス制度では、原則として令和5年3月31日までに消費税の事業者登録を行う必要がある。また、事業者登録を受けた事業者が発行した適式の請求書等がなければ、消費税の仕入税額控除ができなくなる。

改正の内容

▶ 見直し（平成28年度税制改正、令和5年10月1日施行）

消費税の複数税率への対応と、取引の透明化による消費税の適正な申告納税を実現するため、仕入税額控除に関するルールを、区分記載請求書等保存方式から適格請求書等保存方式（以下、「インボイス方式（又は制度）」という）に移行する。

適 用 場 面

> 弁護士（甲）は、年間売上高が3,000万円の個人事業主である。昨今の報道で、令和5年10月より消費税がインボイス制度に移行すると聞き、当事務所でもインボイス制度への移行に向けた準備を行う必要があると感じているが、具体的にどのような準備をすればよいか検討をしている。なお、弁護士（甲）は消費税の課税事業者であり、現在、本則課税方式により消費税の申告を行っている。

令和5年10月より、現行の区分記載請求書等保存方式に代えて、インボイス制度が開始する。インボイス制度の開始に先立って、現在課税事業者である事業者は、原則として令和5年3月31日までに、納税地の所轄税務署長に対し適格請求書発行事業者の登録申請書を提出し、登録を受ける必要がある。なお、登録を受けた事業者へは、税務署より登録番号が通知されるとともに、国税庁ホームページ上で登録番号、氏名又は名称、登録年月日、本店又は主たる事務所の所在地が公表される。

インボイス制度の下では、自己が発行する請求書等には、この通知を受けた登

録番号を記載するとともに、一定の要件を満たす適格請求書等を発行しなければならない。

このため、現在発行している請求書のフォームを変更すること、並びに、自己が適格請求書発行事業者であること、及び、自己の登録番号を顧問先などへ事前に通知する必要も生じる。インボイス制度が開始する前にこれらの準備を整えておく必要がある。

移行準備に当たり、特に留意すべきポイントは以下の通りである。

① 消費税の課税事業者は、「適格請求書発行事業者の登録申請書」を納税地の所轄税務署長に申請し、適格請求書発行事業者の登録を受ける必要がある。

② 登録を受けた適格請求書発行事業者は、取引先等からの求めに応じ、適格請求書等を交付する義務が生じる。

③ 課税事業者が仕入税額控除を行う場合、取引先等から交付を受けた適格請求書等を保存する義務がある。

④ 適格請求書発行事業者は、自己が交付した適格請求書等につき値引・返品等を行った場合は、適格返還請求書を交付する義務がある。

⑤ 取引先等から交付を受けた適格請求書等に誤りがあった場合は、交付を受けた事業者は適格請求書発行事業者に対し、適格請求書等の再交付を求める必要がある。

なお、インボイス制度への対応に向けた事業者への施策として、ＩＴ導入補助金では補助率の引き上げ、小規模事業者持続化補助金では特別枠が設けられている。これら補助金にも目を配り、制度移行に向けてスムーズな対応を行っておきたい。

制度の内容

1 消費税制度の概要

消費税は、商品や製品の販売、サービスの提供、資産の貸付（リース）等に対し幅広く課税を行い、最終消費者が税を負担し、事業者が申告納税を行う仕組みとなっている。

◎消費税の負担と納付の流れ

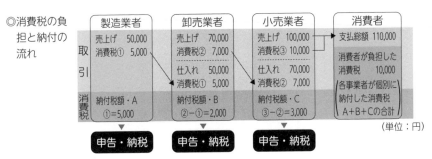

出典：国税庁ホームページ（https://www.nta.go.jp/publication/pamph/koho/kurashi/html/01_3.htm）を加工して作成

　上記例では、最終消費者が負担した消費税10,000円について、製造業者・卸売業者・小売業者の各段階で申告納税を行い、これらの金額を合計すると最終消費者が負担した消費税と一致する。

　ここで、製造業者から卸売業者へ製品を売り上げた場合、製造業者は売上代金に対し10％の消費税（5,000円）の申告納付を行う。卸売業者は、製造業者から仕入れた製品（本体価格50,000円＋消費税5,000円）を小売業者に販売する際、売上代金に対し10％の消費税（7,000円）を小売業者から預かる。卸売業者は、売上代金に対する消費税（7,000円）から、仕入代金に対する消費税（5,000円）を控除し、差額（2,000円）の申告納付を行う。

　このように、消費税は各取引段階での売上げに対し課税を行うため、このままでは二重、三重に課税が累積される。この税の累積を排除するため、仕入段階で生じた消費税を控除する仕組みをとっている。この課税売上げに係る消費税から課税仕入れ等に係る消費税を控除することを、仕入税額控除という。

出典：国税庁「適格請求書等保存方式の概要－インボイス制度の理解のために－（令和３年７月）」２頁を加工して作成

仕入税額控除に関するルールは、区分記載請求書等保存方式による。

3 改正後の制度

区分記載請求書等保存方式からインボイス方式へ移行する。インボイス方式は、平たく言えば「適格（な）請求書等（を）保存（しなけば仕入税額控除ができない）方式」である。

仕入税額控除の要件

	～令和5年9月 【区分記載請求書等保存方式】	令和5年10月～ 【適格請求書等保存方式】 （いわゆるインボイス制度）	
帳簿	一定の事項が記載された帳簿の保存	区分記載請求書等保存方式と同様	
請求書等	区分記載請求書等の保存	適格請求書（いわゆるインボイス）等の保存	ここが 変わります

出典：国税庁「適格請求書等保存方式の概要－インボイス制度の理解のために－（令和3年7月）」2頁を加工して作成

　上記例では、卸売業者は製造業者が発行する適格請求書等を保存していなかった場合、卸売業者が申告納付する消費税は7,000円（売上に係る消費税7,000円－0円）となる。また、製造業者が適格請求書発行事業者でなかった場合も同様に、卸売業者が申告納付する消費税は7,000円となる。インボイス制度では、交付を受けた請求書等が適格請求書等であるか否かによって、仕入税額控除ができるか否かが決まり、最終的には自己が申告納付する消費税額に大きく影響することとなる。

　このように、インボイス制度の下で仕入税額控除を行うためには、適格請求書等の保存が必要になるが、全ての事業者が適格請求書発行事業者であるとは限らない。適格請求書発行事業者となるためには、前述の通り適格請求書発行事業者の登録を受ける必要があるが、この登録は消費税の課税事業者でなければ受けることができない。よって、免税事業者（課税期間の基準期間における課税売上高が1,000万円以下の事業者）については適格請求書発行事業者の登録を受けることができず、免税事業者が発行する請求書は適格請求書とはならない。結果、免税事業者からの仕入については、仕入税額控除を受けることができなくなる。但

し、経過措置により令和 5 年10月 1 日より令和 8 年 9 月30日の 3 年間は80％、その後の 3 年間は50％を仕入税額控除することができる。

　現行の区分記載請求書等保存方式では、免税事業者から発行された請求書であっても、一定の記載事項があれば仕入税額控除ができるが、インボイス制度では免税事業者からの仕入については、仕入税額控除ができなくなる点は、特に留意する必要がある。

　なお、免税事業者であっても、課税事業者を選択することにより、適格請求書発行事業者になることはできる。この場合、納税地の所轄税務署長に対し、消費税課税事業者選択届出書を提出する必要がある。

仕入税額控除に関する現行制度との比較

	現行制度 区分記載請求書等保存方式	新制度 インボイス制度
請求書等の保存	区分記載請求書等の保存が必要	適格請求書等の保存が必要
免税事業者からの仕入	仕入税額控除可能	仕入税額控除不可 （但し、経過措置あり）
3 万円未満の仕入	請求書等の保存がなくとも仕入税額控除が可能	請求書等の保存が必要 （但し、例外あり）
帳簿への記載事項	①取引の相手方の氏名又は名称 ②取引年月日 ③取引内容 ④軽減税率対象取引についてはその旨 ⑤税込金額	同左

適格請求書等の記載事項

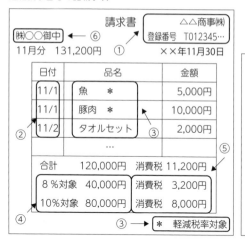

請求書

	△△商事㈱
㈱○○御中 ← ⑥	登録番号 T012345…
11月分 131,200円 ①	××年11月30日

日付	品名	金額
11/1	魚　*	5,000円
11/1	豚肉　*	10,000円
11/2	タオルセット	2,000円
	…	
合計	120,000円　消費税 11,200円	
	8％対象 40,000円　消費税 3,200円	
	10%対象 80,000円　消費税 8,000円	

③ → * 軽減税率対象

適格請求書

① 適格請求書発行事業者の氏名又は名称及び登録番号
② 取引年月日
③ 取引内容（軽減税率の対象品目である旨）
④ 税率ごとに区分して合計した対価の額（税抜又は税込み）及び適用税率
⑤ 税率ごとに区分した消費税額
⑥ 書類の交付を受ける事業者の氏名又は名称

出典：国税庁「適格請求書等保存方式の概要－インボイス制度の理解のために－（令和3年7月）」6頁を加工して作成

　現行の区分記載請求書と適格請求書では、以下の2点で大きく異なる。

①　適格請求書には、登録番号の記載が必要である。

②　適格請求書には、適用税率を記載し、適用税率ごとに区分した消費税額の記載が必要である。

　適格請求書発行事業者は、所定の内容を記載した適格請求書等を交付する義務があるため、自己が交付する請求書等がこれらの要件を具備しているか、インボイス制度移行前に確認をしておく必要がある。

　なお、複数弁護士がパートナーシップの事業として事件を受任している場合、各弁護士は組合の構成員となるが、組合自体に納税義務はなく、原則として適格請求書を発行することはできない。この場合、組合員全員が適格請求書発行事業者であり、かつ、業務執行組合員が所轄の税務署長へ「任意組合等の組合員の全てが適格請求書発行事業者である旨の届出書」を提出した場合に限り、適格請求書を発行することができる（消法57条の6第1項但書）。この場合の適格請求書等には、組合員全員について適格請求書発行事業者の氏名又は名称及び登録番号を記載することを原則とするが、いずれかの組合員の氏名又は名称及び登録番号と、その組合の名称を記載することで足りる。インボイス制度の下、弁護団を結成して共同受任を行う場合、各弁護士が適格請求書発行事業者であれば、依頼者に対して弁護団として適格請求書を発行することができるが、免税事業者である弁護士がいる場合には、弁護団として適格請求書を発行することができない。こ

のように、請求書の記載内容の問題は、事務所の請求書発行システムの改定だけではなく、事件の受任形態にも影響が及ぶものであり、この点についても十分余裕をもって検討を進めておきたい。

関連条文

・課税事業者の選択
　消法 9 条 4 項
・仕入税額控除の要件
　消法30条
・帳簿・請求書等の保存と帳簿の記載事項
　消法30条 7 項〜 9 項
・適格請求書発行事業者の登録
　消法57条の 2
・適格請求書の交付義務と記載事項
　消法57条の 4 第 1 項、 2 項
・適格返還請求書の交付義務
　消法57条の 4 第 3 項

(2) 適格請求書等保存方式の下での消費税額の計算

> ボス弁が勤務弁護士に対し業務委託形式により法律事務を任せている場合で、ボス弁が本則課税方式で申告を行い、勤務弁護士が免税事業者であるときは、令和5年10月にインボイス制度に移行すると、ボス弁は従来の仕入税額控除額を維持できなくなるので、両者の利害関係の調整が必要になってくる。

改正の内容・制度の内容

「9(1)適格請求書等保存方式による消費税制」と共通。

適用場面

　弁護士（甲）は、年間売上高が4,000万円の個人事業主である。弁護士（甲）の業績は開業以来順調に推移しており、2年前からは弁護士（乙）を採用し、受任案件の一部を担当させている。弁護士（甲）と弁護士（乙）との関係は業務委託であり、弁護士（乙）は毎月弁護士（甲）に対し請求書を発行し、弁護士（甲）は、その請求に基づき、業務委託料の支払を行っており、その金額は年額600万円（消費税込み）である。また、弁護士（乙）は、弁護士（甲）からの業務委託料の他、個人受任業務として毎年200万円の報酬がある以外、特に収入はない。

　弁護士（甲）の所得状況は、売上高4,000万円に対し、弁護士（乙）への業務委託料の支払600万円の他、事務所の賃借料等消費税の課税経費が1,500万円、事務員に対する給与の支払等消費税の課税対象外経費が500万円あり、1,400万円の所得となっている。

　弁護士（乙）の所得状況は、弁護士（甲）からの業務委託料及び個人受任事件の報酬の合計額800万円の売上高に対し、経費が100万円発生し、700万円の所得となっている。

　弁護士（甲）は、令和5年10月に開始するインボイス制度に向けて、現在の請求方式を見直す必要がないか検討している。なお、現在弁護士（甲）は消費税について本則課税方式により申告を行っており、弁護士（乙）は免税事業者であるため、消費税の申告は行っていない。また、弁護士（甲）、（乙）共に青色申告により所得税の申告を行い、65万円の青色申告特別控除の適用を受けている。

1 弁護士（甲）について

弁護士（乙）が免税事業者のままであれば、免税事業者からの仕入について一定割合の仕入税額控除を認める経過措置を考慮に入れなければ、インボイス制度移行後に納付すべき消費税額及び所得税額の合計額（以下、「甲納税額」という）は、現行の制度下で計算した金額に比べ合計361,800円増加する。

他方、弁護士（乙）が課税事業者になれば、甲納税額は、現行の制度下で計算した金額と同じである。

2 弁護士（乙）について

弁護士（乙）が免税事業者のままであれば、インボイス制度移行後に納付すべき消費税額及び所得税額の合計額（以下、「乙納税額」という）は、現行の制度下で計算した金額と同じである。

他方、弁護士（乙）が課税事業者になれば、簡易課税を前提にして、乙納税額は、移行前に比べ合計289,200円増加する。

このように、委託事業者である弁護士（甲）と受託事業者である弁護士（乙）との間には、納税額を巡って利害の対立が生じることになる。

計 算 例

設例について、以下のような前提又は事実関係とする。

弁護士（甲）が取得する請求書等は、弁護士（乙）から取得するものを除き全て適格請求書であり、かつ、保存要件を満たしている。

弁護士（甲）の所得控除額を200万円、弁護士（乙）の所得控除額を150万円とし、税額控除等の特例適用はない。

免税事業者からの仕入について一定割合の仕入税額控除を認める経過措置は考慮しない。

1 現行制度下での消費税額

現行制度では、弁護士（乙）からの請求に基づき弁護士（甲）が支払う業務委託料は、弁護士（甲）の消費税申告上、仕入税額控除の対象となり、所得税の申告上、必要経費となる。

一方、弁護士（乙）は消費税の免税事業者であるため、消費税の申告納税を行う必要がなく、弁護士（甲）からの業務委託料収入と個人受任事件の報酬に基づ

いて、所得税の申告を行うこととなる。

弁護士（甲）、（乙）が納付すべき消費税額と所得税額は、それぞれ、以下の金額となる。

現行制度での甲・乙の税額

	弁護士（甲）	弁護士（乙）
消費税（本則課税方式）	1,727,100円	－
所得税	1,673,600円	553,800円
合計	3,400,700円	553,800円

❷ インボイス制度下での消費税額

ア 弁護士（甲）の消費税額

弁護士（乙）が適格請求書発行事業者の登録をしなかった場合と登録をした場合とで、それぞれの消費税及び所得税の納税額が異なりうるため、以下場合分けする。

㈦ 弁護士（乙）が適格請求書発行事業者の登録をしなかった場合（乙は、免税事業者）

弁護士（甲）が弁護士（乙）に支払う業務委託料について、仕入税額控除ができなくなる。

弁護士（甲）、（乙）の納付すべき消費税額と所得税額は、それぞれ、以下の金額となる。

インボイス制度移行後の甲・乙の税額

	弁護士（甲）	弁護士（乙）
消費税（本則課税方式）	2,272,500円	－
所得税	1,490,000円	553,800円
合計	3,762,500円	553,800円

弁護士（甲）は、弁護士（乙）へ支払う業務委託料について仕入税額控除ができなくなり、納付すべき消費税は増加するが、所得税は減少する。これは、納付すべき消費税が増加したことにより、所得税の計算上、必要経費の額が増加するためである。これらの影響を考慮に入れたインボイス制度移行後の甲納税額は、移行前に比べ合計361,800円増加する。

(イ) 弁護士（乙）が適格請求書発行事業者の登録をした場合（乙は、課税事業者）

　上記①の状況を踏まえ、仮に、弁護士（甲）、（乙）の協議により、弁護士（乙）が課税事業者となることを選択（適格請求書発行事業者として登録）し、適格請求書を弁護士（甲）に対して発行した場合、弁護士（甲）、弁護士（乙）の納付すべき消費税額と所得税額は、それぞれ、以下の金額となる。なお、弁護士（乙）は簡易課税方式（下記ウ参照）により消費税の申告を行うものとする。

仮に弁護士（乙）が課税事業者となった場合

	弁護士（甲）	弁護士（乙）
消費税（甲は本則課税方式、乙は簡易課税方式）	1,727,100円	363,500円
所得税	1,673,600円	479,500円
合計	3,400,700円	843,000円

　弁護士（甲）は弁護士（乙）から適格請求書を取得することにより、弁護士（甲）が弁護士（乙）に支払う業務委託料について仕入税額控除が可能となり、甲納税額は、現行制度下で行う申告額と変わりはない。一方、弁護士（乙）については、課税事業者を選択したうえで消費税の申告納税を行うため、納付すべき消費税が生じ、所得税額は減少する。これらの影響を考慮に入れたインボイス制度移行後の乙納税額は、移行前に比べ合計289,200円増加する。

イ　インボイス制度への移行に伴う利害の対立

　以上の通り、弁護士が業務委託方式により委託料を支払い、事務所運営を行っている場合、インボイス制度への移行は、委託料の支払相手が課税事業者であるか免税事業者であるかによって、納付する税額に大きな影響を与える場合がある。また、委託料の支払を受ける側にとっても、自身が発行する請求書が適格請求書でない場合、委託料の支払元への影響を考慮し、課税事業者を選択せざるを得ない状況も生じ得る。これら双方の利害関係をバランスさせ、事務所運営を行っていく必要があろう。

　なお、ボス弁が、勤務弁護士に対し、課税事業者になるよう要請することもあろう。しかし、要請を超えて、課税事業者にならなければ、委託料を引き下げるなどすることは、優越的地位の濫用の問題となるといわれている。日ごろからの信頼関係の程度が両者の関係に影響を及ぼすことになろう。

他方、事務所経営にかかる他の経費の支出先に対する関係では、同様の要請が優越的地位の濫用の問題になることはまれであろう。但し、免税事業者から課税仕入れを行う場合は、設定する取引価格が免税事業者を前提とした取引であることを、互いに理解しておく必要がある。

ウ 簡易課税制度の検討

インボイス制度は適格請求書等に基づき仕入税額控除を行う方式であるが、その他の仕入税額控除の方法として、簡易課税制度がある。

簡易課税制度では、適格請求書等を受領し、保存することが仕入税額控除の要件とはならず、売上に係る消費税にみなし仕入率を乗じることにより仕入税額控除額が決定される。

仮に弁護士（甲）が以前より簡易課税制度を選択していた場合、弁護士（乙）が免税事業者のままであり、課税事業者の選択を行わなくても、弁護士（甲）の納付すべき消費税額に影響はなくなる。

簡易課税制度では、売上に係る消費税に以下に掲げる事業区分に応じて定められたみなし仕入率を乗じて計算した金額を仕入税額控除額として、消費税の計算を行う。簡易課税制度は事業者の選択により採用することができるが、基準期間（個人事業者は前々年、法人は前々事業年度）における課税売上高が5,000万円を超える事業者は、簡易課税制度を選択することができない。

簡易課税制度におけるみなし仕入率

事業区分	みなし仕入率
第1種事業（卸売業）	90%
第2種事業（小売業、農業・林業・漁業（飲食料品の譲渡に係る事業に限る））	80%
第3種事業（農業・林業・漁業（飲食料品の譲渡に係る事業を除く）、鉱業、建設業、製造業、電気業、ガス業、熱供給業及び水道業）	70%
第4種事業（第1種事業、第2種事業、第3種事業、第5種事業及び第6種事業以外の事業）	60%
第5種事業（運輸通信業、金融業及び保険業、サービス業（飲食店業に該当するものを除く））	50%
第6種事業（不動産業）	40%

弁護士（甲）がインボイス制度への移行を考慮し、新たに簡易課税制度を選択した場合、弁護士（甲）、（乙）の納付すべき消費税額と所得税額は、それぞれ、以下の金額となる。なお、弁護士（甲）は第5種事業のみを行っており、弁護士（乙）は免税事業者を維持するものとする。

弁護士（甲）が簡易課税制度を選択した場合

	弁護士（甲）	弁護士（乙）
消費税（簡易課税方式）	1,818,000円	－
所得税	1,643,300円	553,800円
合計	3,461,300円	553,800円

　弁護士（甲）が弁護士（乙）から受領する請求書は適格請求書ではないため、本則課税方式では仕入税額控除を行うことはできないが、簡易課税制度ではみなし仕入率を使用して仕入税額控除額を計算するため、本設例について、現行制度適用の場合と比較すれば、甲納税額は60,600円の増加となるものの、本則課税方式を維持する場合に比べ、インボイス制度の影響は少なくなる。このように、基準期間の課税売上高が5,000万円以下である弁護士であれば、簡易課税制度の選択も考慮に入れて検討する必要があろう。

　なお、簡易課税制度を選択する場合は、簡易課税制度の適用を受けようとする課税期間開始の日の前日までに、簡易課税制度選択適用届出書を納税地の所轄税務署長に提出しなければならない。消費税の申告段階になってから簡易課税制度の選択を検討しても遅いため、事前に準備、検討する必要がある。

関連条文

・仕入税額控除【原則】
　消法30条
・簡易課税制度【例外】
　消法37条

節　税　事　件

> 弁護士がスタートアップ企業に関与する場合、予め計画の認定を受けたうえで
> ストックオプションによる報酬を受けるときは、ストックオプションの権利行使
> 時には課税されず、株式譲渡時にキャピタルゲイン課税され、成功報酬を受けや
> すくなった。

改正の内容

▶ 拡充（令和元年度税制改正、令和元年 7 月16日施行）

　スタートアップ時に、兼業・副業等の多様な働き方で活躍する国内外の高度専
門人材を円滑に獲得できるよう、税制適格ストックオプション（ストックオプ
ション（新株予約権のうち、会社が、労働又は役務の対価として、自社又は子会
社の従業員、役員等に対して付与する自社株式を、一定の期間内に予め定められ
た権利行使価額で購入することができる権利）のうち、一定の要件を満たすも
の）の適用対象者を従来認められてきた取締役・従業員から、スタートアップの
成長に貢献する社外の高度人材（外部協力者）（強化法に基づく認定社外高度人
材活用新事業分野開拓計画に従って活用される社外高度人材）にまで拡大するこ
とで、ストックオプションを利用した柔軟なインセンティブ付与を実現する。

適用場面

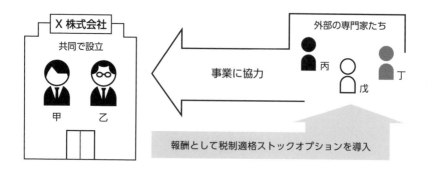

同じ大学のスポーツクラブの同級生で仲良しチームメイトの甲（工学部）と乙（経営学部）は、それぞれ大手メーカーに就職していたが、3年前、それぞれが会社を退職し、共同でＸ株式会社を設立した。現在、甲、乙は同社の取締役で、テレワークを進めるうえで、他の共同作業者の工程の進捗状況を可視化し、互いの課題を確認できるようにしたソフトウェアを開発し、販売を開始している。現在、利用者が徐々に増えてきたので、ヴェンチャーキャピタルから投資を得て、業容を拡大している。そして、ビジネスモデルを確保し、また、持続的な発展が可能となるようなガバナンスの強化を図りつつ事業を拡大させ、ゆくゆくは上場したいと思っている。

　現在のところ、ガバナンスの強化のため、多額の報酬を支払い、財務、法務スタッフを雇うことは難しいので、固定費用を抑えつつ、将来ビジネスが成功することを条件に、相当の報酬を支払う方法で、高度の知識を有する公認会計士や弁護士（丙ら、いずれも個人事業者）に協力を得たいと思っている。

　そこで、外部の専門家に対して、税制適格ストックオプションを導入することを検討している。現在の株価は1,000円であるが、権利行使価格は、1,100円とし、各人に、100個ずつ付与する方法（1ストックオプションの権利行使により1株交付）を検討している。

1 Ｘ株式会社のメリット

　経営者（甲）、（乙）は、公認会計士や弁護士（丙ら）に支払う初期コストを少なくし、実際にソフトウェアの販売が拡大し、やがて、上場した折などに、株式のキャピタルゲインをもって成功報酬をまとめて支払うことで、資金繰りに余裕ができる。

2 公認会計士や弁護士（丙ら）外部専門家に対する課税関係

　税制適格ストックオプションを利用することで、公認会計士や弁護士（丙ら）がストックオプションの権利を行使しても、キャピタルゲイン（P96　図「キャピタルゲインに対する捉え方のイメージ」（以下、「本図」という）のＡの部分）に対する課税は当該株式売却時まで繰り延べられ、売却時に、売却時価と権利行使価額との差額（本図のＢの部分）に対し、譲渡所得として分離課税により課税が行われる。本図の例では、丙らそれぞれについて、株式売却時に以下の金額の

所得税及び個人住民税が課税される。

① 所得税

　　（10万円×100株）－（1,100円×100株）＝989万円

　989万円×15.315%⇒1,514,600円（分離課税）

② 個人住民税

　　（10万円×100株）－（1,100円×100株）＝989万円

　989万円×5％＝494,500円（分離課税）

3　X株式会社の課税関係

　ストックオプション付与に関する費用（ストックオプション交付時の時価）について税制適格ストックオプションの権利が行使された場合、法法上、損金の額には算入されない。

　なお、社外高度人材活用新事業分野開拓を実施するために必要な資金を獲得する必要がある場合、特例として、強化法8条に基づく主務大臣の認定を受けることで、既に借り入れているものとは別枠で信用保証協会の保証を受けることができる（「3　M&Aを伴う経営資源集約化」の適用場面参照）。

制度の内容

1　改正前の制度

ア　ストックオプション受給者（従業員等）

　原則、従業員等に対する新株予約権の無償発行の場合、新株予約権を取得した時の時価（経済的利益）（原株式が権利行使価格をどの程度上回るかの期待値の現在価値を基本とする）が収入金額となり、当該取得時に、所得税及び個人住民税が課税される（所得の態様により給与所得、事業所得、雑所得として総合課税又は退職所得として分離課税、最高税率は、個人住民税と合わせて55.945%）。

本来の課税対象のイメージ

取得時：時価

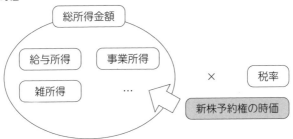

しかし、ストックオプションについては、経済的利益の評価が困難、権利行使が制限されている等の事情がある。

そこで、例外的に、ストックオプションについては、新株予約権の権利行使時に生じるキャピタルゲイン（権利行使時の株価と権利行使価額との差額（本図のAの部分））を収入金額とし、当該権利行使時に所得税及び個人住民税を課税する。

ストックオプション税制の課税の対象のイメージ

取得時：0円
行使時：キャピタルゲインA円

そのうえで、権利行使後の株式売却時に、売却時の株価と権利行使価額との差額（本図のB－Aの部分）に対し、譲渡所得として分離課税により所得税及び個人住民税が課税される。

取得時：0円
行使時：キャピタルゲインA円
譲渡時：キャピタルゲインB－A円

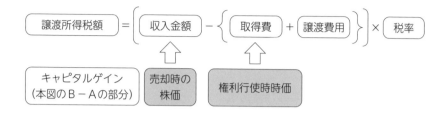

但し、ストックオプションについては、権利行使時には株式の売却収入が生じていないため、金銭の裏付けがない課税が生じる。また、その年度の所得の状況によっては、総合課税の所得税の税率が株式の分離課税の税率（所得税15.315％及び個人住民税5％）を超えることがある。

そこで、例外の例外として所定の要件を満たすストックオプション（「税制適格ストックオプション」）については、上記キャピタルゲインについて、新株予約権の権利行使時に所得税及び個人住民税を課さないこととした。

税制適格ストックオプションの課税の対象のイメージ

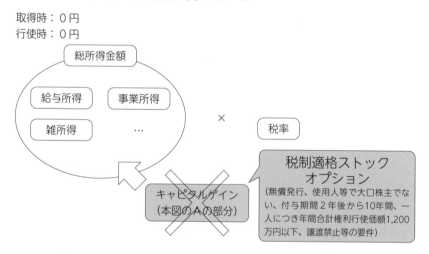

そのうえで、権利行使後の株式売却時に、売却時価と権利行使価額との差額（本図のBの部分）に対し、譲渡所得として分離課税により所得税及び個人住民税が課税される。

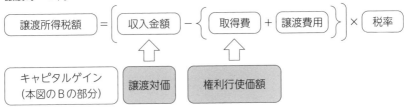

取得時：0円
行使時：0円
譲渡時：B円

$$\boxed{譲渡所得税額} = \left[\boxed{収入金額} - \left\{ \boxed{取得費} + \boxed{譲渡費用} \right\} \right] \times \boxed{税率}$$

$\boxed{\substack{キャピタルゲイン \\ （本図のBの部分）}}$　$\boxed{譲渡対価}$　$\boxed{権利行使価額}$

　これにより、権利行使時に生じるキャピタルゲイン（本図のAの部分）に対する課税は、税制適格ストックオプション以外のストックオプション（「税制非適格ストックオプション」）と比べて、当該株式売却時まで繰り延べられることになる。

イ　ストックオプション発行者（会社）

　原則、従業員等、株主以外の者に対する新株予約権の無償発行の場合、新株予約権の時価が法人税の計算上、損金の額に算入される。なお、給与所得等の課税される額と損金算入される額とは一致する。

　ところで、上記アの通り、ストックオプションについては、例外的に新株予約権の権利行使時に生じるキャピタルゲインを収入金額とし、当該権利行使時に所得税を課税することにした。

　そこで、これと平仄を合わせ、ストックオプションの付与に係る費用は、ストックオプションを取得した者からみて給与所得、事業所得等に係る収入が発生した日（給与等課税事由が生じた日）において、ストックオプションの発行者（会社）が従業員等から役務の提供を受けたものとして、法法の規定が適用されることにした。

　これを税制非適格ストックオプションについてみれば、ストックオプション取得者が、権利行使日において給与所得等を認識し、ストックオプション発行者が役務の提供を受けたものとして、ストックオプションの付与に係る費用を損金算入できる。その費用は、付与時の新株予約権の時価になるが、その計算は極めて技巧的である（二項モデル、ブラックショールズモデルなど）。なお、給与所得等課税される額（取得者の受ける経済的利益に相当する権利行使時の株価と権利行使価額との差額（本図のBの部分））と損金算入される額とは一致しない。

　これに対し、税制適格ストックオプションについては、そもそも、ストックオ

プション取得者にとって、給与等課税事由が生じないので、ストックオプションの付与に係る費用は、法人税の計算上、損金の額に算入されない。

2 改正後の制度

税制適格ストックオプションの対象を社外の高度人材（外部協力者）にまで拡大した。

外部協力者に税制適格ストックオプションが適用されるための要件は以下の通りである。

外部協力者への税制適格ストックオプション適用の流れ

```
┌─────────────────────────────────────────┐
│ 1   社外高度人材活用新事業分野開拓計画の策定 │
└─────────────────────────────────────────┘
```

┌───┐
│①会社の概要   │
│②社外高度人材活用新事業分野開拓の内容及び目標   │
│③社外高度人材新事業分野開拓において活用する社外高度人材の有する知 │
│　識又は技能の内容及びその活用の態様   │
│④社外高度人材にその有する知識又は技能の提供に対する報酬として新株 │
│　予約権を与える場合の報酬の内容   │
│⑤社外高度人材活用新事業分野開拓を実施するために必要な資金の額及び │
│　その調達方法   │
└───┘

```
┌───────────────────────────────────────────┐
│ 2   社外高度人材活用新事業分野開拓計画の申請・認定 │
└───────────────────────────────────────────┘
```

┌───┐
│①主務大臣に計画申請書を提出（ＷＥＢ申請）   │
│②主務大臣による計画認定   │
└───┘

```
┌─────────────────────────────────────────┐
│ 3   社外高度人材活用新事業分野開拓計画の開始、実行 │
└─────────────────────────────────────────┘
```

┌───┐
│①各事業年度終了後の主務大臣への報告   │
│②新株予約権の権利行使等に関する主務大臣への報告 │
└───┘

```
┌───────────────────┐
│ 4   税務署への報告、申告 │
└───────────────────┘
```

┌───┐
│①会社は、特定新株予約権等の付与に関する調書の税務署長への提出 │
│②外部協力者は、権利行使後株式譲渡した場合、譲渡所得の確定申告（分 │
│　離課税）   │
└───┘

計 算 例

設例について、以下のような前提又は事実関係とする。

取得者：外部専門家（丙ら）

付与するストックオプションの数：各100個

権利行使価額：1株当たり1,100円

権利行使時時価：5,000円

株式売却時時価：10万円

株式譲渡費用はない。

キャピタルゲインに対する捉え方のイメージ

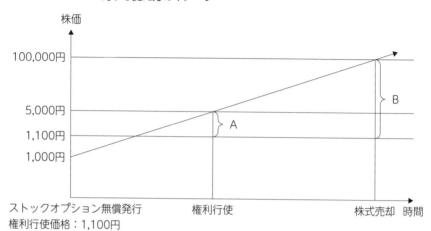

	税制非適格ストックオプション	税制適格ストックオプション
発行時	課税なし	課税なし
権利行使時	Aに対し事業所得として総合課税（①）	課税なし
株式売却時	B－Aに対し譲渡所得として分離課税（②）	Bに対し譲渡所得として分離課税（③）

1 税制非適格ストックオプション

ア 権利行使時 (①)

収入金額＝（5,000円×100株）－（1,100円×100株）＝39万円

39万円の事業収入と他の事業収入等を合算し、総所得金額に対して課税（所得税及び個人住民税率15.105％～55.945％）。

なお、この場合、取得者は、権利行使により現に金銭の給付を受けていないが、経済的利益を受けたことには違いないので、その際、源泉徴収税額相当分を会社に支払わなければならない。

イ 株式売却時（②）

所得税額（分離課税）＝（収入金額－取得費）×15.315%
＝（10万円×100株－5,000円×100株）×15.315%
⇒1,454,900円

個人住民税額（分離課税）＝（収入金額－取得費）×5%
＝（10万円×100株－5,000円×100株）×5%
⇒475,000円

2 税制適格ストックオプション

ア 権利行使時
課税は生じない。

イ 株式売却時（③）

所得税額（分離課税）＝（収入金額－取得費）×15.315%
＝（10万円×100株－1,100円×100株）×15.315%
＝989万円×15.315%
⇒1,514,600円

個人住民税額（分離課税）＝（収入金額－取得費）×5%
＝（10万円×100株－1,100円×100株）×5%
＝989万円×5%
⇒494,500円

関連条文

・新株予約権
　会社法第3章
・社外高度人材活用新事業分野開拓計画の認定、社外高度人材が受ける新株予約
　権の行使による株式の取得に係る経済的利益の非課税
　強化法2条8項、8条、13条

・譲渡所得に対する総合課税【原則】
　所法22条、89条
・一般株式等に係る譲渡所得等の課税の特例【例外】
　措法37条の10

・収入金額【原則】
  所法36条
・新株予約権の行使による株式の取得に係る収入の時期と金額【例外】
  所令84条3項
・社外高度人材が受ける新株予約権の行使による株式の取得に係る経済的利益の
  非課税【例外の例外】
  措法29条の2

・費用の帰属年度【原則】
  法法22条3項2号
・新株予約権を対価とする費用の帰属事業年度の特例等【例外】
  法法54条の2第1項、法令111条の3

11 電子帳簿

その他 経 営

> 法律事務所の経営にも帳簿や証憑の保存は必要なところ、帳簿や証憑を電子的に保存するための要件が大幅に緩和されたため、経理書類のペーパーレス化を進めることで、経営の効率化を図ることができる。

改正の内容

▶ 見直し（令和3年度税制改正、令和4年1月1日施行）

情報化社会に対応し、納税者の国税関係帳簿書類の保存に係る負担の軽減等を図るために、国税関係帳簿書類の電子的保存要件を一層緩和する。

▶ 見直し（令和4年度税制改正、令和4年1月1日施行）

電子取引の取引情報に係る電磁的記録の保存制度に対応困難な事業者に対する代替経過措置を導入する。

適用場面

> 弁護士（甲）は、数人の弁護士と法律事務所を共同経営している。新型コロナウイルスの蔓延を機に、三密を避けるため、WEB会議ソフトを用いた法律相談及び職員のテレワークを導入した。これらの業務遂行方法の変容に伴い、今までやろうと思いながら滞っていた、ペーパーレス化も試みようと思っている。
>
> これまでは、請求書、領収書等の束を保存し、会計帳簿を書面で保存していたが、スペースを取り、また、事務の効率化が進まないため、この機会に思い切って会計関係書類の電子化を進めることとした。
>
> 手始めに、事務所が受領する請求書や領収書について、今までは紙で保存をしていたものを、スキャナーで読み取り、データとして保存をしようと考えている。また、事務所が発行する請求書についても、従来はPCで作成したものをプリントアウトし、紙で保存していたものを、データとして保存をしようと考えている。その他、電子保存をするにあたり、注意すべきことがないかを検討している。

書面で受領した請求書や領収書をスキャナーにより電子データとして保存する場合、一定の改ざん防止措置を施したうえで保存する必要がある。具体的には、請求書や領収書の受領後、最長約2ヶ月以内にスキャンし、タイムスタンプを付すか、又は改ざん等ができないシステムで保管をする必要がある。また、保管したデータは、取引年月日、取引金額、取引先で検索ができるよう、一定のルールの下整然と保存する必要がある。自己が手書きで発行する請求書をスキャナーで読み取り、保存を行う場合も同様である。なお、スキャナーに代えて、スマートフォンやデジタルカメラを使用して読み取ることも可能である。スキャン後、折れ曲がりがないか等の同等確認を行った後であれば、紙の請求書等は廃棄することができるので、ペーパーレス化を徹底できる。なお、スキャナーによる保存の対象となる書類は、納税者の選択により従来通り書面での保存が可能である。

　また、自己がPCで作成した請求書のオリジナルデータを、書面での保存に代えてデータで保存する場合、取引年月日、取引金額、取引先で検索ができるよう整然と保存する必要がある。

　一方、書面ではなく、そもそも電子データとして受信した又は送信した請求書や領収書などの場合、電子データでの保存が義務付けられている。例えば、Eメールに添付された請求書を受領した場合、その添付されたファイルは電子データとして一定の改ざん防止措置をとったうえで、取引年月日、取引金額、取引先で検索ができるよう整然と保存しなければならない。但し、令和5年12月31日までに行うこれら電子取引データの授受に関しては、書面に出力して保存し、税務調査の際に提示又は提出ができるようにしておくことを条件に、宥恕措置が講じられている。

制度の内容

1　電子帳簿保存法の概要

　税法上保存義務のある帳簿書類については、従来、紙による保存を前提にしていたが、電子帳簿保存法は、これを電子データとして保存することを認めた法律である。同法は、電子保存できる対象（文書）ごとに、電子保存の要件を定めている。

2　電子保存の対象文書

　電子データには、当初よりPCで作成されたデータ、当初は紙でもスキャン後電子化されたデータがある。電子帳簿保存法では、以下の①②については、帳簿

と証憑というフォームとコンテンツを合わせた概念から規制対象を整理し、③については、コンテンツのみから規制対象を整理している。これらは各々観点が異なるため、何が規制の対象になっているか、その把握が難しいところ、その理解を助けるため、国税庁は、「電子帳簿保存法一問一答」においてチャートを公表している。同チャートにある、縦軸の「帳簿」（下記①に対応）、「書類」（下記②対応）、「電子取引の取引情報」（下記③に対応）と、横軸の「種類」、「作成方法」、「保存方法」をクロスして、具体的な外延を確認されたい。

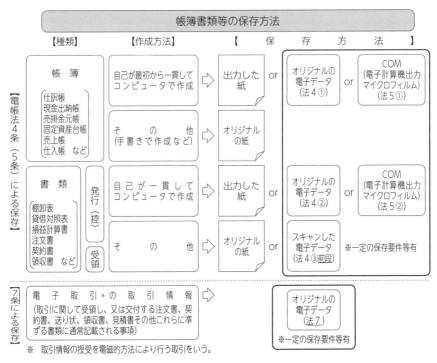

出典：国税庁「電子帳簿保存法一問一答【電子計算機を使用して作成する帳簿書類関係】（令和3年7月）」

① <u>国税に関する法律の規定により備付け及び保存をしなければならないこととされている帳簿</u>（以下、「国税関係帳簿」という）のうち、自己が最初から一貫してコンピュータで作成したもの
  ⇒ 総勘定元帳、仕訳帳など
② <u>国税に関する法律の規定により保存をしなければならないこととされてい</u>

る書類（以下、「国税関係書類」という）

⇒　注文書、請求書、契約書、領収書、棚卸表、貸借対照表、損益計算書など

②－1　国税関係書類のうち、自己がコンピュータで作成したもの

⇒　相手方に書面で交付した時点で、そのもととなるデータが電磁的記録として保存されている見積書、請求書、預り証など

②－2　国税関係書類のうち、スキャンにより取り込まれたもの（但し、貸借対照表、損益計算書、棚卸表等の決算関係書類及び②－1以外のもの）

⇒　契約書、領収書、請求書、納品書など

③　取引情報の授受を電磁的方式により行う取引（以下、「電子取引」という）において記載される事項

⇒　EDI取引、電子メールで受領した請求書・領収書、インターネットのホームページからダウンロードした請求書・領収書等に含まれる一定のデータ

電子保存の対象文書

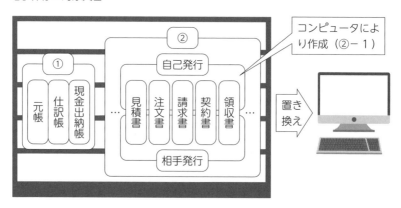

　税法上、国税関係帳簿と国税関係書類とは、それぞれ独立したものとして保存されなければならない。理解の便宜上、例えていうならば、帳簿は、民事訴訟における主張に対応するものであり、会計的な事実を認識し翻訳したものとして捉え、国税関係書類は、民事訴訟における証拠に対応するものであり、会計的な事実を証明するための書証（会計上、「証憑」といわれる）として捉えれば、分かりやすい。このことを示唆する例としては、例えば、消費税の仕入税額控除の要件の解釈に表れている。すなわち、消費税の課税上、課税事業者において、「課

税仕入れ等の税額の控除に係る帳簿」及び「請求書等」を保存しておかなければ、仕入税額控除ができない。そして、同条の解釈上、例えば、業務上購入した書籍代１万1,000円（消費税込み）の請求書を保存していたとしても、帳簿にこの会計的事実が記載されていなければ、1,000円の仕入税額は控除されない建前になっている。「裁判所は、当事者が主張していない事実を認定してはいけない。」という、弁論主義の第一のテーゼに似たものがある。

国税関係帳簿書類の構造

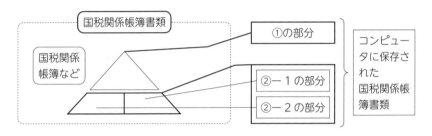

3 電子保存と紙保存

	令和３年度改正前	令和３年度改正後
① 国税関係帳簿	原則、紙保存 例外、所轄税務署長の承認により電子保存	原則、紙保存 例外、電子保存（従来要件を満たすものと改正緩和要件を満たすものの並存）、所轄税務署長の承認不要
②-1 自己作成に係る国税関係書類		
②-2 スキャンにより取り込まれた国税関係書類		
③ 電子取引情報の記録	原則、電子保存 例外、紙保存	電子保存

4 電子保存要件

　以下に、電子保存の対象文書の類型ごとに、主要な変更点（下線部）を整理して示す。

①国税関係帳簿と②－1自己作成に係る国税関係書類について

		令和3年度改正前	令和3年度改正後
従来要件を満たすもの（優良な電子帳簿）	真実性の確保	・データの訂正・削除履歴の確保	・データの訂正・削除履歴の確保
	可視性の確保	・ＰＣ、マニュアル等の備え付け ・検索機能の確保（主要な記録事項指定かつ範囲指定かつ組合せによる検索ができること）	・ＰＣ、マニュアル等の備え付け ・検索機能の確保（<u>取引年月日、取引金額、取引先による検索ができればよい</u>）
緩和要件を満たすもの（その他の電子帳簿）	真実性の確保	規定なし	規定なし
	可視性の確保	規定なし	・<u>ＰＣ、マニュアル等の備え付け</u>

　　令和3年度税制改正において、国税関係帳簿につき改正前の厳格な要件を満たす「優良な電子帳簿」に加え、データの訂正・削除履歴を確保しなくてもよい等、要件が緩和された「その他の電子帳簿」も認められることとなった。なお、令和4年1月1日以降は、同改正後の要件の緩和された「優良な電子帳簿」が承認申請なしで認められる。これにより新旧の「優良な電子帳簿」が併存することとなる。

②－2スキャンにより取り込まれた国税関係書類について

	令和3年度改正前	令和3年度改正後
真実性の確保	・領収書等の受領後遅滞なくタイムスタンプを付与 ・原本とスキャン文書の定期検査	・<u>タイムスタンプの付与期限延長（最長2ヶ月と概ね7営業日まで）、訂正削除を行うことができないシステムを利用すれば、タイムスタンプは不要</u> ・<u>原本とスキャン文書の定期検査の廃止</u>
可視性の確保	・ＰＣ、マニュアル等の備え付け ・検索機能の確保（主要な記録事項指定かつ範囲指定かつ組合せによる検索ができること）	・ＰＣ、マニュアル等の備え付け ・検索機能の確保（<u>取引年月日、取引金額、取引先による検索ができればよい</u>）

③電子取引情報の記録について

	令和３年度改正前	令和３年度改正後
真実性の確保	下記のいずれかの措置をとること (i) 発行者側でタイムスタンプを付与 (ii) データの受領後遅滞なくタイムスタンプを付与 (iii) ユーザー（受領者）が自由にデータを改変できないシステム（サービス）を利用 (iv) 改ざん防止等のための事務処理規程を作成し運用	下記のいずれかの措置をとること (i) 発行者側でタイムスタンプを付与 (ii) <u>タイムスタンプの付与期限延長（最長２ヶ月と概ね７営業日まで）</u> (iii) ユーザー（受領者）が自由にデータを改変できないシステム（サービス）を利用 (iv) 改ざん防止等のための事務処理規程を作成し運用
可視性の確保	・ＰＣ、マニュアル等の備え付け ・検索機能の確保（主要な記録事項指定かつ範囲指定かつ組合せによる検索ができること）	・ＰＣ、マニュアル等の備え付け ・検索機能の確保（<u>取引年月日、取引金額、取引先による検索ができればよい</u>）

5 その他

　支払調書等の法定調書（国外財産調書及び財産債務調書を除く）について、予め税務署長に届け出ることで、クラウド等に備えられたファイルにその法定調書に記載すべき事項（以下、「記載情報」という）を記録し、かつ、税務署長に対してそのファイルに記録されたその記載情報を閲覧し、及び記録する権限を付与することにより、提出することができる。

　また、会計帳簿、さらに証憑類の電子保存も進めるのであれば、決算後に来る作業である確定申告（弁護士が個人事業者の場合は、所得税・消費税の確定申告、弁護士法人の場合はその法人税等・消費税・法人地方税の確定申告）及び納税についても、電子申告及び電子納税を行うことにより、一層ペーパーレス化・省力化を図ることができる（「12　電子申告と電子納税」参照）。

関連条文

〈所得税〉
・青色申告者の紙の帳簿書類の保存【原則】
　所法148条

・白色申告者の紙の帳簿書類の備付け【原則】
　所法232条
・国税関係帳簿書類の電磁的記録による保存【例外】
　電子帳簿保存法4条、8条1項
・電子取引の取引情報に係る電磁的記録の保存【例外】
　電子帳簿保存法7条、8条2項、電子帳簿保存法施行規則4条3項

〈法人税〉
・青色申告法人の紙の帳簿書類【原則】
　法法126条
・青色申告法人以外の紙の帳簿書類の備付け【原則】
　法法150条の2
・国税関係帳簿書類の電磁的記録による保存【例外】
　電子帳簿保存法4条、8条1項
・電子取引の取引情報に係る電磁的記録の保存【例外】
　電子帳簿保存法7条、8条2項、電子帳簿保存法施行規則4条3項

〈消費税〉
・仕入れに係る消費税額の控除のための帳簿及び請求書等の保存【原則】
　消法30条7項
・帳簿及び請求書等の電磁的記録による保存【例外】
　電子帳簿保存法4条1項〜3項、8条1項

12 電子申告と電子納税

法律事務所の経営においても税務申告と納税は避けて通れないところ、電子的申告・納税のインフラが飛躍的に発展したので、経理書類のペーパーレス化のみならず、申告書類もペーパーレス化を進め、電子申告と電子納税を行うことで、一層の経営の効率化を図ることができる。

改正の内容

▶ **拡充**（令和 2 年度税制改正、令和 3 年 1 月 1 日施行）

振替納税の通知依頼及びダイレクト納付の利用届出の電子化（国税）。

▶ **拡充**（令和 3 年度税制改正）

税務関係書類について、原則、押印を廃止（令和 3 年 4 月 1 日施行）。

個人住民税の特別徴収税額通知の電子化（令和 6 年度課税分から施行）。

適用場面

弁護士（甲）は、数人の弁護士と法律事務所を経費共同方式で経営している。毎年、所得税確定申告の時期になると、まず、事務所共通の経費分担表を作成し、これに基づき各自が決算書及び所得税の確定申告書を作成し、申告している。

各弁護士は、自分の所得計算はできるので、自分で申告書を作成しているが、各自の申告書の作成ペースが異なるため、事務員に複数回、税務署に提出に行ってもらっている。また、事務員は、各弁護士のために、何度も申告書一式の資料をコピーしている。

事務処理に要する手間と時間を減らすために、今年こそ、電子申告と電子納税ができるようにしようと思っている。

ア　電子申告と電子納税

　確定申告書を提出する際、従来は紙の申告書に署名捺印し、これを税務署に提出していたが、そのプロセスが、ｅ－Ｔａｘ（国税電子申告・納税システム）を利用することで、申告データに電子署名を行ったうえで、税務署に送信するプロセスに置き換えられる。

　まず、ｅ－Ｔａｘのホームページにアクセスし、電子申告を行うためのセットアップを行う。次に、「確定申告書等作成コーナー」にアクセスし、画面の指示に従って、売上高や必要経費、生命保険料控除等の申告に必要なデータを入力する。順序としては、まず青色決算書や収支内訳書の事業所得に関する書類を作成し、次に確定申告書を作成することにより、これら決算書データを確定申告書に引き継ぐことができるので便利である。ｅ－Ｔａｘのホームページは厳密な税務会計用語を知悉していなくても、年々、イラストによる説明が充実してきており、素人でも容易に申告書が作成できるようになっている。そして、データ入力が完了すれば、電子署名し、送信することで、申告書の提出は完了する。もっとも、コンピュータシステムによる処理であるから、いつでも送信データが受け付けされるかといえばそうではなく、ｅ－Ｔａｘは原則、休祝日及び年末年始は稼働していないので注意が必要である。なお、一度、データを入力・保存すれば、翌年はこれを呼び出し更新できるので、翌年以降の申告書作成が一層容易になる。

　申告データの送信が成功していれば、メッセージボックスに受信通知及び納付情報データが格納される。国税ダイレクト納付制度を利用すれば、後者を基に指定された日に予め登録した銀行口座から振替が行われ、納税が完了する。納付が完了すれば、納付完了通知がメッセージボックスに格納される。

　また、法定調書（給与所得・退職所得の源泉徴収票、報酬、料金、契約金及び賞金の支払調書など）や各種の届出についても、ｅ－Ｔａｘを利用してデータを作成し、送信することができ、源泉徴収税についても、徴収高計算書データを作成し送信することにより、電子納税を行うことができる。このようにｅ－Ｔａｘを利用することで、税務手続の大部分を省力化することができる。

　なお、電子申告を行うことで、青色申告特別控除について10万円の特別加算がある。

イ　セットアップ

　　①　ＩＣカードリーダライターの用意

　　②　電子証明書の取得と電子署名文書作成用ソフトウェアのインストール

　　③　所轄税務署に「電子申告・納税等開始届出書」を提出し、利用者識別番号
　　　　を取得

　個人番号カードがある場合は、同書類の提出に代えて、利用者情報を登録すれ
ば足りる。

　なお、個人番号カードと同読取対応のスマートフォンによる場合や、申請によ
り取得した税務署発行のＩＤとパスワードを利用する場合には、①は不要。

ア　電子申告と電子納税

　個人住民税及び事業税については、所得税の申告をもって地方税の申告をした
ものとみなす措置があり、これらは電子申告の対象になっておらず、主に法人に
よる申告等が対象である。これに対し、給与支払報告書、給与所得者異動届出書
の作成と提出については、個人事務所の場合でもｅＬＴＡＸ（地方税ポータルシ
ステム）を利用することで、データを作成し、送信することができる。特に、勤
務する事務職員や勤務弁護士の住所が相当数の市町村にわたっている場合には、
事務の手間が省け、便利である。また、特別徴収税について、納付先の地方公共
団体ごとに税額通知書の金額が表示され、電子納税を行うことができる。その他
各種の届出も電子申請することができる。一部の市町村では、個人住民税の特別
徴収税額通知の電子化も施行されている。

イ　セットアップ

　基本的に国税の場合と同様であるが、上記１イ②の取得済みの電子証明書と電
子署名用ソフトウェアを利用して、利用届出を送信し、利用者ＩＤを取得する。

| 制度の内容

１　電子申告・電子納税制度の建付

ア　電子証明書

　電子ファイルの真正さを確保するため、①誰がデータの作成者か、及び、②当
該データが改ざんされていないことを、第三者が証明できるようにした。

　電子文書には署名や捺印はできないので、①認証機関は秘密鍵及び公開鍵並び

に電子証明書を発行し、②本人は秘密鍵（印鑑に相当する）により電子文書に電子署名を行うことで暗号化し、電子証明書（印鑑登録証明書に相当する）を添付して送信し、③受領者は印鑑登録証明書に格納された公開鍵でその電子文書を復号化し、本人性を確認するプロセスになる。

電子署名の仕組み

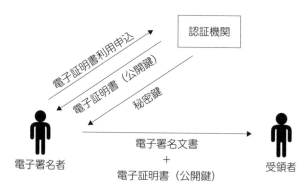

出典：国税庁ホームページ（https://www.e-tax.nta.go.jp/systemriyo/systemriyo2.htm）を加工して作成

イ　e‐TaxとeLTAX

　e‐Taxでは、所得税、法人税等、消費税など国税申告並びに法定調書の提出及び届出・申請などの各種手続をインターネットを通じて行う。申告後の税金の納付では、ダイレクト納付やインターネットバンキング、ペイジー（Pay‐easy）対応のATMを利用できる。

　これに対し、eLTAXは、「地方税共同機構」が運営する電子情報処理組織で、電子的な一つの窓口からそれぞれの地方公共団体への手続を可能としている。eLTAXを利用することで、国税の場合と同様、地方税の申告、申請、納税などの手続が、インターネットを通じて行える。

　e‐TaxやeLTAXに対応した税務・会計ソフトを利用すれば、会計処理から申告書データの作成及び提出までの一連の作業を電子的に行うことができ、一層の事務の省力化・ペーパーレス化につながる。

ウ　ペーパーレス化

　㋐　振替納税の通知依頼

　従来、納税者は、振替納税依頼書を書面で作成の上、所轄税務署又は金融機

関に提出しなければならなかったが、令和2年度の税制改正（令和3年1月1日施行）によりe−Taxでの申請が可能となった。

(イ) ダイレクト納付

ダイレクト納付とは、e−Taxにより申告書等を提出した後、納税者自身名義の預貯金口座から、即時又は指定した期日に、口座引落しにより国税を電子納付する手続である。

従来、ダイレクト納付利用の概ね1ヶ月前までに、ダイレクト納税届出書を書面で作成の上、所轄税務署に提出する義務があった。しかし、令和2年度の税制改正（令和3年1月1日施行）によりe−Taxでの申請が可能となった。

(ウ) 個人住民税の特別徴収税額通知の電子化

① 給与所得に係る特別徴収税額通知について、特別徴収義務者が申出をしたときは、市町村は、当該通知の内容をeLTAXにより、当該特別徴収義務者に提供する。

② 給与所得に係る特別徴収税額通知について、特別徴収義務者が申出をしたときは、一定の体制が整っていることを条件に、eLTAXにより、当該特別徴収義務者を経、個々の納税義務者（従業員）に対し、電子的に、当該通知の内容を提供する。

関連条文

〈国税：個人〉
・紙の確定所得申告【原則】
　所法120条
・電子申告【例外】
　デジタル手続法6条、デジタル手続財務省令5条
・電子納付手続【例外】
　デジタル手続財務省令8条

〈国税：法人〉
・紙の確定申告【原則】
　法法74条
・電子申告【例外】

デジタル手続法 6 条、デジタル手続財務省令 5 条
・電子納付手続【例外】
　デジタル手続財務省令 8 条

〈地方税：法人〉
・法人の道府県民税の紙の申告【原則】
　地法53条 1 項
・中間申告を要しない法人の事業税の紙と電子申告【原則】
　地法72条の25第 1 項
・中間申告を要する法人の紙と電子確定申告【原則】
　地法72条の28第 1 項
・法人の市町村民税の紙の申告納付【原則】
　地法321条の 8 第 1 項
・法人の都道府県民税、市町村民税及び事業税の電子申告【例外】
　地法747条の 2

13 その他役に立つ税制改正

(1) 設備投資を行った場合（中小企業者等が機械等を取得した場合の特別償却又は法人税額の特別控除）（中小企業投資促進税制）

適 用 場 面

　　弁護士（甲）は建設業を営むＸ社の社外取締役をしている。Ｘ社では、取締役会議において、解体工事の効率化を図るため、大型建物解体機（新品）の導入を検討しており、資金繰りに対する影響や、購入の場合とリースの場合の税務上の有利不利について議論になった。この解体機を購入する場合の購入金額は3,000万円であり、リースの場合のリース期間は５年、リース料総額3,050万円である。なお、Ｘ社は毎年青色申告をしており、資本金が3,000万円の中小企業者に該当する。

制 度 の 内 容

▶延長（令和３年度税制改正、適用期限を令和５年３月31日までの取得に延長）

　青色申告書を提出する中小企業者で、新品の機械装置等を取得し、それを建設業や製造業等の指定事業の用に供した場合、通常の減価償却に加え、取得価額の30％の特別償却が認められる。また、資本金が3,000万円以下の中小企業者又は個人事業者の場合、特別償却に代えて取得価額の７％の税額控除が認められる。なお、資本金が3,000万円以下の中小企業者又は個人事業者の場合で、所有権移転外リース取引によるときは、リース料総額の７％の税額控除のみ認められる。

計 算 例

　Ｘ社の場合、資本金が3,000万円の中小企業者であるため、以下の特例を受けることができる。

優遇措置の内容

	取得の場合	リースの場合
特別償却	① 通常償却額3,000万円×0.333×12/12＝999万円 （期首から利用、耐用年数6年） ② 特別償却額3,000万円×30％＝900万円 ③ 減価償却額合計999万円＋900万円＝1,899万円 　法定実効税率32％とすれば、900万円×32％＝288万円課税の繰り延べ	適用なし
税額控除	3,000万円×7％＝210万円 ＊調整前法人税額の20％が限度	3,050万円×7％＝213万5,000円 ＊調整前法人税額の20％が限度

　税額控除の場合、控除限度額は調整前法人税額の20％となるが、控除限度額を超える部分の金額については、翌期に繰り越すことができる。

　また、類似の制度であるが、経営力向上計画に基づき、一定の設備を取得等した場合、全額即時償却又は取得価額の7％の税額控除（資本金3,000万円以下の中小企業者等の税額控除率は10％）を受けることができる（中小企業事業再編投資損失準備金と並び、経営資源集約化税制の一である（「3　M＆Aを伴う経営資源集約化」における「経営力向上計画に基づくM＆A実施の流れ」参照））。計画の認定を受ける手間がかかる分、優遇措置が大きい。

(2) マイホームを購入した場合（住宅借入金等の特別控除）（住宅取得資金贈与の特例）

> 弁護士（甲）は郊外でマイホームを探していたところ、建売住宅で土地が3,000万円、建物が4,000万円（延べ床面積100㎡の省エネ基準適合住宅で消費税10%を含む）の新築物件があり、購入したいと思っている。この物件の購入資金に関して、以下のような計画をしている。なお、今年の合計所得金額は2,000万円以下の見込みである。
>
> 　自己資金1,000万円
>
> 　甲の実父からの資金贈与1,000万円
>
> 　甲の銀行からのローン5,000万円（ローン期間35年）

制度の内容

▶ 延長（令和4年度税制改正、一部改正と令和7年12月31日まで適用期限を延長）

ア　住宅借入金等の特別控除

　個人が住宅ローンを利用してマイホームの新築、購入等をした場合、一定の要件の下、その住宅ローンの年末残高の0.7%を10年〜13年間にわたり所得税等から控除することができる。

	改正後	
入居期限	令和4年〜令和5年末	令和6年〜令和7年末
控除率	住宅借入金等年末残高に対し0.7%	
控除期間	一般住宅　　　　　　　　13年 認定住宅　　　　　　　　13年 ＺＥＨ水準省エネ住宅　　13年 省エネ基準適合住宅　　　13年 中古住宅　　　　　　　　10年	一般住宅　　　　　　　　10年 認定住宅　　　　　　　　13年 ＺＥＨ水準省エネ住宅　　13年 省エネ基準適合住宅　　　13年 中古住宅　　　　　　　　10年

借入限度	一般住宅	3,000万円	一般住宅	2,000万円
	認定住宅	5,000万円	認定住宅	4,500万円
	ＺＥＨ水準省エネ住宅	4,500万円	ＺＥＨ水準省エネ住宅	3,500万円
	省エネ基準適合住宅	4,000万円	省エネ基準適合住宅	3,000万円
	中古認定住宅	3,000万円	中古認定住宅	3,000万円
	中古一般住宅	2,000万円	中古一般住宅	2,000万円
所得制限	40㎡以上50㎡未満	合計所得金額1,000万円以下		
	50㎡以上	合計所得金額2,000万円以下		

▶延長（令和４年度税制改正、一部改正と令和５年12月31日まで適用期限を延長）

イ 住宅取得資金贈与の特例

　個人が直系尊属から令和４年１月１日以降に自己の居住用住宅取得のために資金贈与を受けた場合の贈与税については、贈与を受けた年の１月１日において年齢が18歳以上である場合に限り、住宅取得資金の贈与を受けて新築等をした以下に掲げる住宅用家屋の区分に応じ、それぞれに定める金額が非課税となる。

非課税となる金額

耐震、省エネ又はバリアフリー住宅	1,000万円
上記以外	500万円

| 計 算 例 |

　設例について、以下のような前提又は事実関係とする。

　令和４年中に省エネ基準適合住宅を取得し、居住する。

　この場合、

① 住宅取得資金の贈与の非課税措置の適用を受けることにより、贈与税額が０円となる。

② 住宅借入金等特別控除の適用を受けることができる。

　但し、これらの規定の適用を受けるためには、贈与税の確定申告及び住宅借入金等特別控除の確定申告（勤務弁護士の場合、２年目以降は年末調整で行うことができる）を行う必要がある。

(3) 孫の教育資金を一括で贈与したい場合（直系尊属から教育資金の一括贈与を受けた場合の贈与税の非課税措置）

適 用 場 面

　祖母（甲）（75歳）は、娘夫婦の教育費の捻出が苦しいと聞いたので、その子である孫（乙）（10歳）の教育費に充てるためまとまった贈与を考えている。

制度の内容

▶ 延長（令和3年度税制改正、一部改正と令和5年3月31日まで適用期限を延長）

　30歳未満の受遺者に対する教育資金に充てるため、その直系尊属から受贈者に対して金銭一括贈与を行った場合、一定の手続を経ることにより1,500万円までの金額については、受遺者に対して課される贈与税が非課税となる。

教育資金の一括贈与のイメージ図

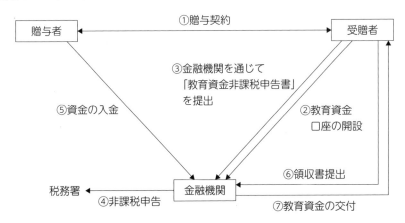

　教育資金の一括贈与制度を利用すれば、たとえ金銭一時贈与であったとしても、1,500万円までの贈与については、贈与税は非課税となる。但し、教育資金口座に係る契約が終了した場合において、非課税拠出額に残額があるときは、そ

の残額については契約終了時に贈与者から贈与があったものとして、贈与税の課税対象となる。

　なお、令和3年度税制改正により、契約期間中に贈与者が死亡した場合の取り扱いについて以下の通り改正が行われた。

	改正前	改正後
相続税の課税価格算入額	死亡した日から3年以内になされた教育資金の贈与につき、その残額がある場合には、その残額について贈与者から相続により取得したものとみなされ、相続税の課税対象となる。	死亡した日における非課税拠出額の残額が贈与者から相続により取得したものとみなされ、相続税の課税対象となる。
相続税の2割加算	対象外	相続により取得したものとみなされる非課税拠出額の残額について、贈与者の子以外の直系卑属に相続税が課される場合は、相続税の2割加算の対象とする。

(4) 子供の結婚・子育て資金を一括で贈与したい場合（父母などから結婚・子育て資金の一括贈与を受けた場合の贈与税の非課税措置）

適 用 場 面

　父（甲）（55歳）は、娘（乙）（20歳）の結婚・子育て資金に充てるためまとまった贈与を考えている。

制度の内容

▶ 延長（令和3年度税制改正、一部改正と令和5年3月31までの贈与まで適用期限を延長）

　18歳以上50歳未満の受贈者に対する結婚・教育資金に充てるため、その直系尊属から受贈者に対して金銭一括贈与を行った場合、一定の手続を経ることにより1,000万円（結婚資金については300万円）までの金額については、受遺者に対して課される贈与税が非課税となる。

結婚・子育て資金の一括贈与のイメージ図

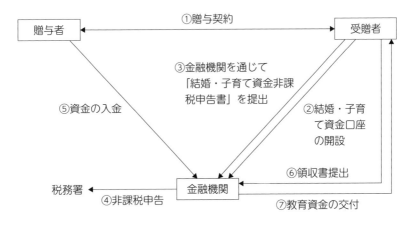

　結婚・子育て資金の一括贈与制度を利用すれば、たとえ金銭一時贈与であったとしても、1,000万円（結婚資金については300万円）までの贈与については、贈与税は非課税となる。但し、契約期間中に贈与者が死亡したことにより結婚・子

育て口座に係る契約が終了した場合において、非課税拠出額に残額があるときは、その残額については契約終了時に贈与者から相続等により取得したものとして、相続税の課税対象となる。また、受贈者が50歳に達したことにより、結婚・子育て口座に係る契約が終了した場合において、非課税拠出額に残額があるときは、その残額については契約終了時に贈与者から受贈者に対する贈与があったものとして、贈与税の課税対象となる。

　なお、令和3年度税制改正により、受贈者の年齢要件の下限及び契約期間中に贈与者が死亡した場合の取り扱いについて以下の通り改正が行われた。

	改正前	改正後
受贈者の年齢要件	20歳以上50歳未満	18歳以上50歳未満
相続税の2割加算	対象外	相続により取得したものとみなされる非課税拠出額の残額について、贈与者の子以外の直系卑属に相続税が課される場合は、相続税の2割加算の対象とする。

■ 非課税所得

　原則、国や地方公共団体から個人が金品の支給を受け、又は、貸付金が免除された場合、それにより生じた所得（例えば一時所得）については、所得税が課される。

　しかし、新型コロナウイルス禍において困窮者を支援するため、国や地方公共団体から個人に支給される金品及び貸付金の免除による免除益に対する所得については、所得税が非課税となることが明確化された（延長又は拡充）。

　これにより、個人住民税についても同様に非課税となる。

　なお、所法の課税の元となる「収入」は広く経済的利益を受けること（包括的所得概念）を前提にし、また、相法の「贈与」も、同様の概念を前提にするため、個人が個人から経済的利益を受ける場合には相法を優先適用することにし、交通整理している（所法9条1項17号）。これに対し、個人が法人から経済的利益を受ける場合は、贈与税の適用を排除している（相法21条の3第1項1号）ので、今回の税制改正の対象は、国や地方公共団体から経済的利益を受ける場合であるところ、両者とも法人なので相法の適用場面ではなく、所法が適用されることが前提になっている。

1　支給関係

　「子育て世帯への臨時特別給付」として給付される給付金

　「住民税非課税世帯等に対する臨時特別給付金」として給付される給付金

　「新型コロナウイルス感染症生活困窮者自立支援金」として給付される給付金

　「難病又は小児慢性特定疾病の患者に対する医療費」として支給される金品

　雇用保険法の「失業等給付」

　育児休業、介護休業等育児又は家族介護を行う労働者の福祉に関する法律及び雇用保険法の「育児休業給付等」

　母子及び父子並びに寡婦福祉法の「自立支援教育訓練給付金」

　母子及び父子並びに寡婦福祉法の「高等職業訓練促進給付金」

　児童福祉法の「障害児通所給付費等」として支給される金品

　児童福祉法の「障害児入所給付費等」として支給される金品

　障害者の日常生活及び社会生活を総合的に支援するための法律の「自立支援給付」

2　免除関係

　ひとり親家庭高等職業訓練促進資金貸付事業の「住宅支援資金」貸付けによる債務の免除により受ける経済的な利益

　生活福祉資金貸付制度における「緊急小口資金」の特例貸付事業による金銭の貸付けに係る債務の免除により受ける経済的な利益

　「総合支援資金」の特例貸付事業による金銭の貸付けに係る債務の免除により受ける経済的な利益

相続税計算のフローチャート

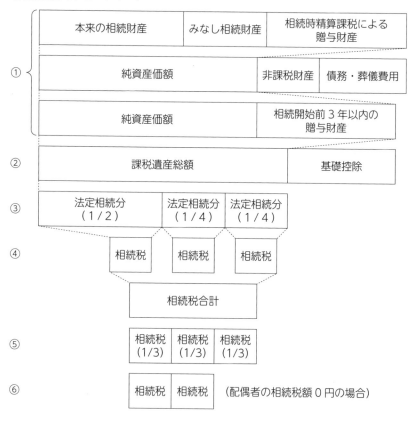

① 課税価格の計算

　課税価格は、財産評価基本通達等に従って相続財産ごとに相法上の財産の価額を計算する。

　まず、本来の相続財産（被相続人の現預金、土地、建物、株式等）（遺贈により取得したものを含む）（相法2条1項）に「みなし相続財産」（相法3条1項、4条）と相続時精算課税による贈与財産（相法21条の15、21条の16）を加える。

　「みなし相続財産」とは、被相続人の死亡を原因として相続人に帰属することになった財産である。例えば、死亡保険金や死亡退職金がこれに該当する。これらは、被相続人の死亡により、相続人に直接帰属することになるので民法上は相

続財産に属さないのが原則であるが、相法上はこれも相続財産とみなす。一方、死亡保険金や死亡退職金は、残された家族の生活を保障するという趣旨から、500万円×法定相続人の数が非課税金額となる（相法12条１項５号イ、６号イ）。

「相続時精算課税」とは、被相続人が生前に財産を贈与した場合の贈与税の課税方法の１つである。被相続人から相続時精算課税により財産の贈与を受けた場合、その受贈財産は被相続人の相続財産として相続税の計算に持ち戻される。ここから、非課税の財産（墓石、仏壇、仏具等）（相法12条１項２号）と、債務や葬儀にかかった費用（相法13条１項）を控除する。さらに、相続開始前３年以内に相続人が被相続人から贈与により取得した財産は、相続財産に加算する（相法19条）。

② 課税遺産総額の計算

①によって算出された金額から、基礎控除額（相法15条）を引いたものが課税遺産総額となる。

基礎控除額＝3,000万円＋600万円×法定相続人の数

③④ 相続税の総額の計算

課税遺産総額を法定相続分通りに分けたものと仮定して、各相続人の取得金額を計算する（相法11条、16条）（③）。

上記フローチャートでは、それぞれの法定相続分を１／２、１／４、１／４と仮定している。

各相続人の取得金額に基づいて、相続税の税率を掛け、各人の相続税額を計算する（④）。

この合計額が相続税の総額となる。

■【平成27年１月１日以後の場合】相続税の速算表

法定相続分に応ずる所得金額	税率	控除額
1,000万円以下	10%	－
3,000万円以下	15%	50万円
5,000万円以下	20%	200万円
１億円以下	30%	700万円
２億円以下	40%	1,700万円
３億円以下	45%	2,700万円
６億円以下	50%	4,200万円
６億円超	55%	7,200万円

⑤⑥　各相続人の相続税額の計算

　法定相続分とは異なる遺産分割協議をしている場合、前記③④で計算した相続税の総額を、取得した人の課税価格に応じて按分する（相法17条）。

　上記フローチャートでは、３分の１ずつとする遺産分割協議をしたとして、相続税も３分の１ずつに按分している（⑤）。

　そして、各人に、以下のような税額の加算、減算がなされる（⑥）。

　ⅰ）相続税額の２割加算

　　相続財産を取得した人が被相続人の配偶者、父母、子供以外の場合、相続税額に20％相当額を加算する（相法18条）。

　ⅱ）暦年課税の贈与税額控除

　　前記のように、相続開始前３年以内に贈与を受けた財産については、相続財産に加算する。そこで、二重課税を防止するため、贈与時に支払った贈与税を控除する（相法19条）。

　ⅲ）配偶者の税額軽減

　　配偶者については、相続により取得した財産のうち、法定相続分又は１億6,000万円分までであれば、相続税はかからない。これを超える財産を取得した場合は、この分の税額が控除される（相法19条の２）。なお、配偶者の税額軽減は、実際に取得した財産に基づき計算されるため、法定申告期限までに遺産が分割されていない場合は、その分割されていない財産については配偶者の税額軽減の対象とはならない。この場合、相続税の申告書に「申告期限後３年以内の分割見込書」を添付したうえで、未分割財産が申告期限から３年以内に分割が確定したときは税額軽減の対象となる。

　ⅳ）未成年者控除

　　未成年者は、成人（18歳）になるまでの年数１年当たり、10万円までを相続税額から控除する（相法19条の３）。また、年数の計算に当たり、１年未満であるとき、又は、１年未満の端数があるときは、これを１年とする。例えば、15歳６ヶ月の者の場合は、３年×10万円＝30万円の控除となる。

　ⅴ）障害者控除

　　障害者は、満85歳になるまでの年数１年当たり、一定の金額を相続税額から控除する（相法19条の４）。障害者は、症状の重症度により、一般障害者と特別障害者の２種類に分けられる。一般障害者の場合は、１年当たり10万円、特別障害者の場合は、１年当たり20万円を控除する。なお、１年未満の端数がある場合の年数計算は未成年者控除と同様である。

vi) 相次相続控除

　被相続人が、相続開始前10年以内に相続税を課されていた場合、その被相続人から相続等により財産を取得した人の相続税額から一定金額を控除する（相法20条）。

vii) 外国税額控除

　国外財産を取得した場合、国外財産の所在する国の法律により相続税に相当する税金が課される場合がある。この場合は、二重課税を防止するため、一定の金額を控除する（相法20条の2）。

viii) 相続時精算課税制度を利用した場合の贈与税額控除

　相続時精算課税制度を利用した場合も、前記のように、これによる贈与財産を相続財産に加算することになるので、二重課税を防止するため、既に納めた贈与税を控除する（相法21条の15、21条の16）。

資料2　所得税の計算方法の概要

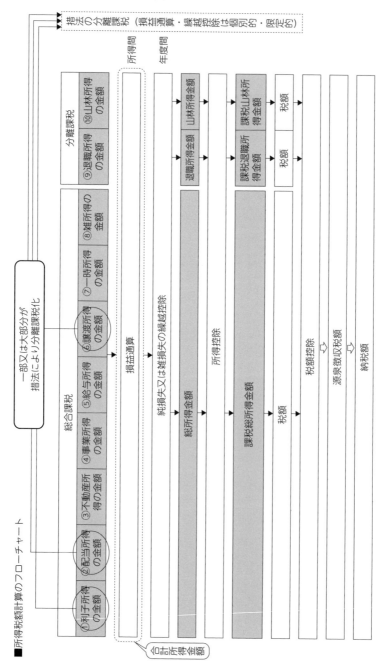

126

1　各種所得金額の計算

　自然人（個人）に属する所得は10種類（上記フローチャート①から⑩）に分類され、それら所得の特性に応じて各種所得金額を計算する。所得とは、誤解を恐れずにいうならば「儲け」のことであり、利子所得を除き、収入金額から必要経費を控除することにより計算される。ここで、必要経費は事業所得のように実額で計算するものや、給与所得のように収入金額により予め定められた金額を必要経費とするものがある。また、単に収入金額から必要経費を控除した金額を所得金額とするものや、退職所得のように収入金額から必要経費（退職所得控除）を控除した金額に、さらに2分の1を乗じて所得金額を計算するものがある。

2　総所得金額等の計算

　上記1で計算された各種所得の金額は、これらを合計して課税対象となる総合課税所得（上記フローチャート①から⑧）と、独立して課税対象となる分離課税所得（上記フローチャート⑨、⑩と、①、②の一部及び⑥の一部）、源泉徴収のみで課税関係が完結する源泉分離課税所得（上記フローチャート①）に大別される。

　このように大別された各種所得の金額を合計する際、事業所得、不動産所得、山林所得、総合課税の譲渡所得に赤字の金額があるときは、損益通算によりその赤字をその他各種所得の金額の黒字から一定の順序に従い控除する。損益通算後の各種所得の金額は、総合課税所得に大別された各種所得の合計に分離課税に大別された退職所得金額及び山林所得金額を加算し、合計所得金額を計算する。さらに、合計所得金額から純損失や雑損失の繰越控除がある場合はこれらの繰越控除を控除し、総所得金額等を計算する。

3　課税総所得金額、課税退職所得金額及び課税山林所得金額の計算

　上記2で計算された総所得金額等から、所得控除額を控除し、課税総所得金額、課税退職所得金額及び課税山林所得金額を計算する。ここで、所得控除とは扶養控除に代表される「人的控除」と社会保険料控除に代表される「物的控除」がある。所得控除について、納税者の個々の事情、例えば配偶者や子供の有無、さらに子供がいる場合はその年齢や収入状況、納税者自身が生命保険に加入しているか否か等により控除額が異なる。総所得金額等から納税者個々の事情に応じた所得控除額を控除することは、所得税の本質である担税力に応じた課税の公平を実現するために重要な手続である。

4　申告納税額の計算

　上記3で計算された課税総所得金額、課税退職所得金額及び課税山林所得金額に一定の税率を乗じることにより各所得税の金額を計算し、その額を合計する。

ここから配当控除や住宅借入金等特別控除等の税額控除額を控除し、差引所得税額を計算する。さらに、差引所得税額から災害減免額を控除し、再差引所得税額を計算する。

　このように計算された再差引所得税額に、復興特別所得税を加算し、外国税額控除等、源泉徴収された所得税額を控除したものが申告納税額となる。

資料３　法人所得の計算方法の概要

法人所得計算のイメージ

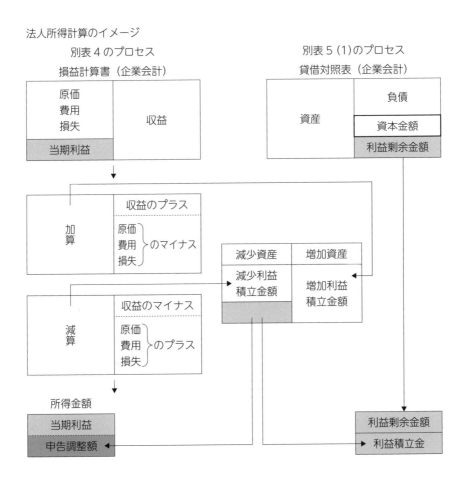

会社の場合、各事業年度の所得の金額は、当該事業年度の「益金」の額から当該事業年度の「損金」の額を控除した金額とされている（法法22条１項）。これはほぼ、公正会計処理基準の「収入」と「費用」に対応する概念であるが、企業会計を基にしつつも、課税の公平や政策的観点から、「収入」と「費用」の外延を修正している。すなわち、企業会計の基本的な目的は、企業の経営成績や財政状態を利害関係者へ適正に開示することである。これに対し法法の基本的な目的は課税の公平である。このように、両者の目的が異なるため、法法上の所得は、基本的には企業会計上の会計基準に依拠しつつ、課税の公平の観点から修正され

る。

　法法上の所得は確定した決算に基づき計算する（法法74条１）必要があるため、いったん、公正会計処理基準に従って計算された会計上の収入や費用・損失に、法人税での調整（加算・減算）を行うことで、会計上の収入⇒法法上の益金、会計上の費用（損失を含む）⇒法法上の損金を計算し、各事業年度の所得金額を計算する。これが、企業会計の税務会計への調整・変換である（以下、「税務調整」という）。

　税務調整には、費用又は損失の経理処理（法法２条25号）（以下、「損金経理」という）をせず、申告書において修正を行うだけの申告調整事項と、損金経理を必要とする決算調整事項がある。申告調整事項には、申告書への記載を条件に適用が認められる任意的申告調整事項と、申告書において必ず調整しなければならない必要的申告調整事項とがある。任意的申告調整事項の例としては、受取配当等の益金不算入（法法23条）・所得税額控除（法法68条）等があり、必要的申告調整事項の例としては、還付金等の益金不算入調整（法法26条）、減価償却資産の償却限度超過額の損金不算入調整（法法31条１項）などがある。決算調整事項には、減価償却資産の償却費の損金算入などがある。これは、当該費用を計上するか否かについて法人の自主性を尊重するものである。

　この調整を記載したものが法人税確定申告書別表４と５(1)である。

　別表４は、当該事業年度の益金と損金の加減算をしたもので、これをみれば、法人所得（課税標準）がわかる。法法上の損益計算書と呼ばれるゆえんである。

　別表５(1)は、法法上の貸借対照表と呼ばれるものである。

　以下、これら別表４と別表５(1)の関係を減価償却費の計上の場合を例に説明する。法法では各期の所得の計算上減価償却費の計上は強制されていないが、減価償却資産の耐用年数等に関する省令がその限度額を定めている。企業会計によった方が法法の定めより早めに償却が終わってしまうような場合、企業会計により減価償却として計上した額のうち、法法の定める減価償却費算入限度額を超えた金額については、会計上の利益にその金額を加算することで、法人税の所得金額を算出する。

　例えば、法法上、自転車の耐用年数は２年（定額法を選択）のところ、企業会計上１年で償却した場合、仮に、自転車の価額が11万円としたならば、55,000円だけ当期において、会計上は償却超過額があったということになる。会計上の利益（「収益」－「費用」）から法人税の所得（「益金」－「損金」）を求めるならば、減価償却費55,000円を会計上の減価償却費から減額する必要がある。つまり、費用が少なくなるため、企業会計上の利益より法人税上の所得が増えること

になる。この会計上の利益と法人税上の所得の乖離を調整するため、別表4にて会計上の利益に償却超過額である55,000円を加算し、法人税の所得金額を計算する。さらに、この超過した減価償却費の額は、実は、企業会計上早めに費用化しただけで、翌期になれば、ズレは解消される性質のものである。このように、いわば税務と会計で計上のタイミングに差がある場合に、税務からみて会計上先取りした費用については、まだ資産性があるとして、会計上の資産に別表5(1)に対応する勘定科目である固定資産（例では、車両・運搬具）を加算することになる。

　仮に、他に税務調整項目がなかったとすれば、この調整により、法人税の所得は会計上の利益から55,000円増え（損益計算書）、これに対応する、会計上の資産から55,000円増えることになる（貸借対照表）。

　以上の通り、別表4と5(1)が、それぞれ、企業会計上の損益計算書と貸借対照表を基にして、税務上のそれらを形成している。

資料4　本書で引用した措法の適用対象となる中小企業者（法人）

	中小企業者
優遇措置	機械等を取得した場合の特別償却又は税額控除（措法42条の6①②） 特定経営力向上設備を取得した場合の特別償却又は税額控除（措法42条の12の4①②） 給与等の支給額が増加した場合の税額控除（措法42条の12の5②） 中小企業事業再編投資損失準備金（措法56条①）
対象	1億円以下 資本又は出資を有しない法人については、常時使用する従業員数が1,000名以下
対象外	1　前3年以内の所得合計÷36月×12月＞15億円 2　同一の大規模法人に発行済株式総数の1/2以上を保有されている又は複数の大規模法人にその2/3以上を保有されている法人 　大規模法人（中小企業投資育成株式会社を除く）とは以下に掲げる法人をいう。 　(1) 資本金の額又は出資金の額が1億円を超える法人 　(2) 資本金を有しない法人のうち、常時使用する従業員が1,000人を超える法人 　(3) 大法人との間に完全支配関係がある法人 　　大法人とは次に掲げる法人をいう。 　　①資本金の額又は出資金額が5億円以上の法人 　　②相互会社及び外国相互会社のうち、常時使用する従業員が1,000人を超える法人 　　③受託法人

著者略歴

安生　誠

1987年、大阪大学法学部卒

文部省（現文部科学省）入省（一種行政職）を経て、

弁護士、税理士登録

パリ高等商科大学院（Diplôme de l' ESCP取得）

パリ第10大学大学院国際商取引法コース（DESS取得）

現在、リード総合法律会計事務所パートナー

堀田　健治

1995年、同志社大学商学部卒

2006年、税理士登録

2008年、税理士法人フェニックス設立

現在、同法人代表社員

サービス・インフォメーション

━━━━━━━━━━━━━━━ 通話無料 ━━━━━━━━━━
① 商品に関するご照会・お申込みのご依頼
　　　　　TEL 0120 (203) 694／FAX 0120 (302) 640
② ご住所・ご名義等各種変更のご連絡
　　　　　TEL 0120 (203) 696／FAX 0120 (202) 974
③ 請求・お支払いに関するご照会・ご要望
　　　　　TEL 0120 (203) 695／FAX 0120 (202) 973

●フリーダイヤル（TEL）の受付時間は、土・日・祝日を除く
　9：00〜17：30です。
●FAXは24時間受け付けておりますので、あわせてご利用ください。

弁護士業務に役立つ！
近年の税制改正による新制度とその活用場面

2022年8月30日　初版発行

著　者　安生　誠・堀田健治
発行者　田　中　英　弥
発行所　第一法規株式会社
　　　　〒107-8560　東京都港区南青山2-11-17
　　　　ホームページ　https://www.daiichihoki.co.jp/

弁護士税制改正　ISBN978-4-474-07798-0　C2032　（2）